Gordon D. Kaufman
Theologie für das Nuklearzeitalter

(Ökumenische Existenz heute 2)

Herausgegeben von
Wolfgang Huber / Dietrich Ritschl /
Theo Sundermeier

Theologie für das Nuklearzeitalter

2

Gordon D. Kaufman

Aus dem Amerikanischen
übersetzt von
Elisabeth Müller

Chr. Kaiser Verlag

Wir danken dem R. Piper Verlag für die Erteilung der Abdruckgenehmigung aus dem Buch: Jonathan Schell, Das Schicksal der Erde – Gefahr und Folgen eines Atomkrieges, München 1982; dem Verlag Styria für die Abdruckgenehmigung aus dem Roman: Shusaku Endo, Schweigen, Graz – Wien – Köln 1977.

CIP-Kurztitelaufnahme der Deutschen Bibliothek

Kaufman, Gordon D.:
Theologie für das Nuklearzeitalter / Gordon D.
Kaufmann. – München: Kaiser, 1987.
(Ökumenische Existenz heute; Bd. 2)
ISBN 3-459-01682-5
NE: GT

© 1987 Chr. Kaiser Verlag München
Umschlag: Ingeborg Geith, München
Gesamtherstellung: Druckerei Sommer, Feuchtwangen
Printed in Germany

Inhalt

Vorwort

Nach dem ersten Heft der neuen Schriftenreihe »Ökumenische Existenz heute«, in dem die drei Herausgeber ihre Sicht der zentralen ökumenischen Aufgaben skizzierten und damit in gewisser Weise auch die Richtung der neuen Reihe markieren wollten, liegt nun mit der Übersetzung von Gordon Kaufmans *Theology for a Nuclear Age* im eigentlichen Sinn das erste Heft, der Anfang der Schriftenreihe vor. Es ist der theologischen Reflexion des wichtigsten, des schrecklichsten und unumgänglichsten Themas heutiger, verantwortlicher Weltwahrnehmung gewidmet: der Gefahr der Vernichtung der Menschheit, des nuklearen Holocausts.

Es geht nicht um Vergleiche zwischen entsetzlichem menschlichen Tun, am allerwenigsten um quantitatives Verrechnen zwischen Dresden und Auschwitz, Hiroshima und Afghanistan, den Konzentrationslagern hier und dort, den Waffenlieferungen von dort oder von hier. Gordon Kaufman geht es um das »Angeld« auf die totale Apokalypse durch die beiden bereits auf lebendige Menschen abgeworfenen Atombomben und um die Frage, wie Gott mit der Möglichkeit – der Wahrscheinlichkeit – der Selbstvernichtung der Menschheit zusammengedacht werden kann.

Wie Gott überhaupt gedacht, ausgesprochen und angebetet werden könne, das ist seit Jahren das zentrale Thema von Gordon Kaufmans theologischer Arbeit. Nun muß sich das Erarbeitete am Horizont der menschlichen Selbstzerstörung aufs neue bewähren.

Gordon Kaufman ist seit mehr als zwei Jahrzehnten Professor in Harvard – ein Traumziel aller akademisch Ambitiösen in einem Land, in dem die Universitäten so unterschiedlich gewichtet werden. Er kommt aus der mennonitischen Tradition und ist als Pfarrer dieser Kirche ordiniert worden. Wie Gott in der geschichtlichen Bedingtheit unserer perspektivischen Erkenntnis gesehen werden kann als letztlich alleingültiger Bezug unserer Loyalität und Lebensorientierung, das war schon 1968 der

Fluchtpunkt des Buches *Systematic Theology, A Historicist Perspective*. Christologische und offenbarungstheologische Argumente – so sagt er es selbst in der Rückschau – führten damals zur Betonung der Einsicht, daß Gott nicht nur Fluchtpunkt unserer Orientierung, sondern vielmehr »God as agent«, Gott als ein Handelnder ist. Die späteren Bücher zur Gottesfrage, *God the Problem* (Harvard University Press 1972) und *The Theological Imagination, Constructing the Concept of God* (Philadelphia 1981) fragen sozusagen von der anderen Seite her: Wie können die aus der menschlichen Erfahrung geformten Bilder Gottes – der »Gott« in Anführungszeichen – vom lebendigen Gott, von dem Juden und Christen sprechen wollen, unterschieden oder ihm zugeordnet werden?* Man hat wegen dieser Fragerichtung Gordon Kaufman auch einen Nominalisten gescholten. Mir schiene ein Vergleich mit dem »Rekonstruktivismus« in der jüdischen Theologie angemessener. Auch hier wird kritisch demontiert, um aufs neue eine Bewahrheitung der Gültigkeit der alten Zeugnisse und Gesetze, ja letztlich der Gegenwart Gottes zu erfahren.

Die Leser des hier vorliegenden Essays werden durch die kritische, ja pessimistische Demontage unhaltbarer »Gottes«-Konzepte hindurch müssen, um am Ende der Schrift mit Kaufman den hellen Horizont zu erblicken, der die Zerstörung Gottes und die nukleare Selbstvernichtung der Menschheit aufheben kann. Die Götzen müssen stürzen, damit wir leben können. Gordon Kaufman schrieb in dankbarer Würdigung seines Lehrers H. Richard Niebuhr – durchaus auch unter Betonung der Differenzen –, er habe letztlich vor allem eines von ihm gelernt: »The fundamental theological task, as well as our most profound and difficult human task, is to distinguish between God and the idols.«

---

* Deutschsprachige Leser finden eine Zusammenfassung und Diskussion der Gotteslehre in der »Systematic Theology« bei Fritz Buri, *Gott in Amerika*, 1970, S. 227–244. Die »perspektivische« Theologie Kaufmans – auch unter Berücksichtigung der neueren Schriften – diskutierte der 1985 verstorbene neuseeländische Theologe Hugh O. Jones in seiner Mainzer Habilitations-Schrift *Die Logik theologischer Perspektiven*, 1985, S. 164–187.

Gott und die Götzen in einer auf ihre eigene Zerstörung zueilenden Welt – das war schon das große Thema der Alten Kirche. Es wird hier im Blick auf die neuen Gefahren nüchtern vorgelegt und leidenschaftlich diskutiert.

Dietrich Ritschl

Einführung

Dies Buch trägt den etwas anspruchsvollen Titel »Theologie für das Nuklearzeitalter«. Er bezeichnet zwar zutreffend die Absicht des Buches, doch übertreibt er zugestandenermaßen hinsichtlich dessen, was erreichbar war; in einem solch kleinen Band ist es unmöglich, auf alle theologischen Fragestellungen einzugehen, die durch das neue Zeitalter, in das die Menschheit durch den Zugriff auf die Nuklearkraft geworfen worden ist, entstanden sind. So bleiben z. B. die Bedeutung und die Aufgabe der Kirche als Trägerin christlicher Symbole und Traditionen hier undiskutiert. Und doch ist der Titel in gewisser Weise gerechtfertigt. Das Buch konzentriert sich direkt auf diejenigen Gegenstände, die das Zentrum jeder Theologie bilden müssen, die versucht, sich auf die nukleare Problematik ernsthaft einzulassen:

Erstens, was bedeutet das nukleare Zeitalter für das Selbstverständnis der Menschheit und daher für die Konzeption der Theologie als einer menschlichen Unternehmung?

Zweitens stellt sich im Licht dieses Sachverhalts die Frage, wie wir die zwei zentralen Symbole zu interpretieren haben, an denen sich christlicher Glaube orientiert und in denen er sich selbst versteht – Gott und Christus?

Weil Antworten auf derart fundamentale Fragen entscheidend eine ganze Theologie prägen werden, kann man zu Recht behaupten – so denke ich –, daß hier wenigstens der Kern einer Theologie für das Nuklearzeitalter sichtbar wird.

Im *ersten* Kapitel argumentiere ich, daß mit dem Anbruch des Nuklearzeitalters und der damit gegebenen Macht, alles menschliche Leben zu beenden, die Menschheit in eine radikal neue religiöse Situation geraten ist, eine Situation, die von der christlichen Tradition (und das gilt für diesen Fall auch für alle anderen großen religiösen Traditionen) nicht antizipiert wurde. Folglich wird es nötig sein – wenn christlicher Glaube eine angemessene Orientierung in der heutigen Welt geben will –, Axiome und Behauptungen zu überprüfen, die bisher selten von christlichen Theologen in Frage gestellt wurden, und sie in ziemlich radikaler Weise neu zu konstruieren.

Mit dieser Aufgabe im Blick versuche ich im *zweiten* Kapitel eine Konzeption der Theologie als einer Aktivität konstruktiven Vorstellungsvermögens (*imaginative construction*) anstelle einer einfachen Interpretation von Tradition zu entwerfen, indem ich argumentiere, daß diese Sicht die Theologen freimacht zu jener radikalen Kritik und Rekonstruktion traditioneller Konzepte und Verhaltensweisen, wie sie durch die völlig neue Situation gefordert werden.

Das *dritte* und *vierte* Kapitel wendet sich dann jeweils direkt den zwei zentralen Symbolen christlichen Glaubens, nämlich ›Gott‹ und ›Christus‹, zu; ich versuche zu zeigen, daß diese Symbole in signifikanter Weise unsere gegenwärtige geschichtliche Krise erhellen und Handlungsanweisungen geben können, wie ihr, wenn sie gründlich dekonstruiert und angemessen neu konzipiert werden, in angemessener Weise begegnet werden kann.

So präsentieren die vier Kapitel das nukleare Zeitalter in der Weise, daß es äußerst bedeutsame Fragestellungen für die christliche Theologie hervorbringt, und sie skizzieren zugleich einen Weg für die Theologie und den Glauben, auf diese Herausforderung zu antworten.

Es mag seltsam erscheinen, sich mit diesen Gegenständen gerade jetzt zu beschäftigen, 40 Jahre nach dem Abwurf der ersten Atombomben. Sind sich die Theologen neuerdings bewußt geworden, daß das neue Zeitalter bedeutende Implikationen für die christliche Reflexion hat? Obwohl wenige Autoren offensichtlich sofort bemerkt hatten, daß sich das christliche Selbstverständnis drastisch verändern müsse, wenn es sich auf die neue religiöse Situation einstellen will[1], so läßt doch die Theologie, die in den letzten 30 Jahren betrieben wurde, zumeist wenig Empfindsamkeit für diese Frage sichtbar werden. Daß wir in eine noch nie dagewesene geschichtliche und religiöse Situation gekommen sind, wurde meist nicht bemerkt und entsprechend wenig diskutiert. Erst seit wenigen Jahren, in denen Europäer und Amerikaner angefangen haben zu erkennen, daß wir jetzt wirklich die Möglichkeit haben, die Menschheit auf der Erde auszulöschen – und die Gefahr ist groß, daß wir das auch tun werden

---

[1] Einige Beispiele finden sich in der Anmerkung 3 des I. Kapitels.

–, hat weitergehende Reflexion auf die Bedeutung des Nuklearzeitalters eingesetzt. Es ist klargeworden, daß eine viel radikalere Untersuchung der theologischen Bedeutung unserer neuen Macht und unserer daraus resultierenden Verantwortlichkeiten unternommen werden muß.

Dieser kleine Band präsentiert kein schlüssiges Argument für *einen* bestimmten Blickwinkel, sondern eher eine Art von Bild – einen Weg, christlichen Glauben und christliche Theologie heute zu sehen; und ich lade meine Leser ein, dieses Bild sorgfältig zu betrachten, um zu sehen, ob es ein neues Licht auf bestimmte wichtige Gegenstände wirft, die durch frühere Sichtweisen eher verdunkelt worden sind. Ich glaube, daß die neue Situation, in der sich die Menschheit jetzt befindet – in der wir in der Lage sind, durch den bloßen Druck auf den Knopf die Menschheit und die ganze Welt mit ihr zu zerstören –, die Bedeutung der traditionellen Behauptung von Gottes Souveränität über die Welt in Frage stellt. Es gibt eine logische Spannung zwischen der traditionellen Sicht göttlicher Souveränität und der zerstörerischen Macht, die jetzt einseitig in den Händen der Menschen zu liegen scheint; und das zwingt uns, in diese oder jene Richtung zu denken:

Wir können unser Gefühl, in einer wahrhaft neuen Situation zu leben, einer Situation, die in unseren religiösen Traditionen nicht antizipiert wurde, als gewichtige und bedeutsame Einsicht erkennen, die uns bei unserer weiteren religiösen Reflexion und bei unseren Lebensweisen und Handlungen in der Welt leiten muß – und dann werden viele traditionelle christliche Behauptungen und noch viele andere Punkte des traditionellen christlichen Glaubens drastisch rekonstruiert werden müssen; oder wir können an den Fundamenten des traditionellen Glaubens festhalten und verleugnen, daß unsere gegenwärtige Situation derart neu ist, wie sie auf den ersten Blick zu sein scheint.

Ich bin zu der Überzeugung gekommen, daß die erste der genannten Alternativen die richtige ist; und das ist das Bild, das ich in den Vorlesungen zu präsentieren versucht habe.

Natürlich ist niemand gezwungen, das Bild, das ich gemalt habe, zu akzeptieren. Es ist durchaus möglich, an der traditionellen Behauptung von Gottes providentieller Sorge und Macht festzuhalten, selbst im Angesicht der gegenwärtigen nuklearen Krise; und viele Christen wollen offensichtlich gerade das tun. Aber das kann nur um den Preis der Verleugnung der Situation, in der wir uns heute vorfinden und die radikal neu und ohne Vorläufer ist, geschehen. Ich hoffe, dieses kleine Buch wird den Lesern helfen, sich auf die Frage ernsthaft zu konzentrieren und sie ermutigen, ihre eigene Position in dieser Hinsicht zu durchdenken.

Ich vertraue darauf, daß dieses Buch niemanden mit dem Eindruck zurücklassen wird, daß die technologische Neuordnung menschlichen Lebens – und die nukleare Krise ist nur ihr dramatischstes Symbol – die einzig wichtige Frage ist, der sich die Theologie heute zuwenden muß. Wie es die »Befreiungstheologien« mit Nachdruck betont haben, stellen weitverbreitete Armut und Hunger in der Welt, Fragen sozialer Gerechtigkeit, rassische, religiöse und geschlechtliche Diskriminierung sowie viele andere Formen von Entmenschlichung äußerst wichtige Fragen für die Theologie und für die Art, in der sie betrieben wird, dar. Neue, kreative theologische Konstruktion ist gefordert über die ganze Breite menschlicher Erfahrungen und Probleme, und nur dann, wenn das umfassende Werk vollendet ist, werden wir zu entdecken beginnen, was christliche Theologie kann und sein sollte in der heutigen Welt.

Ich behaupte nicht, hier die heute einzig lebensfähige und bedeutsame Weise der Interpretation von Gott und Christus und dem Heil präsentiert zu haben; zweifellos gibt es andere Perspektiven, andere Wege der Rekonstruktion der christlichen Symbole, die Wichtiges beizutragen haben. Ich hoffe, daß diejenigen, die andere Wege sehen, unsere tiefsten gegenwärtigen Probleme zu erhellen, ihre Einsichten mit uns teilen werden, denn christliche theologische Arbeit muß stets ein andauerndes Gespräch vieler Stimmen sein.

Viele haben dazu beigetragen, daß dieses Buch möglich wurde; nur wenigen kann ich hier danken. Insbesondere danke ich der Theologischen Fakultät der Universität von Manchester in England für die Einladung, die »Ferguson Lectures« 1984 zu halten; das gab mir die Gelegenheit, die Gedanken über eine Theologie für das Nuklearzeitalter zusammenzufassen. An die Gastfreundschaft und das Entgegenkommen, das ich bei meinem Aufenthalt in Manchester erfahren konnte, werde ich mich lange erinnern. Die zwei ersten Vorlesungen schließen Material ein, das auf Aufsätzen beruht, die ursprünglich im »Journal of the American Academy of Religion« (JAAR)[2] veröffentlicht wurden; ich danke dem Journal für die Erteilung der Abdruckgenehmigung der Beiträge in diesem Buch. Wenn nicht anders angezeigt, wurden alle biblischen Zitate aus der revidierten Lutherbibel von 1984 entnommen.

Schließlich möchte ich besonders den vielen weiblichen Studenten danken, die mich Jahre hindurch daran gehindert haben, mich in Zufriedenheit auf die traditionellen patriarchalischen und autoritären Muster theologischer Reflexion zurückzuziehen, und mir geholfen haben, mich auf eine mehr ökologische und offene Art des Theologietreibens hin zu entwickeln, wie sie auf diesen Seiten zu finden ist. Es ist diese Art der Kritik und der konstruktiven Vorschläge meiner Studenten, denen ich immer zutiefst in meinem Denken und Schreiben verpflichtet bin.

G.D.K.
Cambridge, Massachusetts
am 31. Dezember 1986

[2] »Nuclear eschatology and the study of religion«, in: JAAR 51 (1983) 3–14 und »Theology as imaginative construction«, JAAR 50 (1982) 73–9.

I. Nukleare Eschatologie

Vor einigen Monaten konnte ich die Stadt Hiroshima in Japan besuchen, die erste Stadt in der Geschichte, die durch eine Atomexplosion zerstört worden ist. Bekanntlich gibt es in Hiroshima einen herrlichen Friedenspark in unmittelbarer Nähe des vermuteten Explosionsmittelpunktes. Die Anlage des Parks ist schlicht und bescheiden. Dort sind neben einer Reihe wundervoller Skulpturen, die das fürchterliche Ereignis, das sich hier zutrug, in Erinnerung rufen, auch die skeletthaften Überreste eines nach der Explosion stehengebliebenen Gebäudes zu sehen. Es gibt zwei Museen mit Photographien und Dokumentarfilmen; dort steht auch ein großes Modell der Stadt Hiroshima, das das volle Ausmaß der Zerstörung zeigt. Felsbrocken und andere Überbleibsel veranschaulichen die unterschiedlichen Auswirkungen der Druckwelle und der Hitze. Die Sammlungen der Museen sind nicht groß, denn die Zerstörung war so gewaltig, daß zum Sammeln nicht mehr viel übrigblieb. Ein Gegenstand hat mich besonders berührt: ein Teil einer Steintreppe, die zu einer Bank gehört hatte, nahe dem Explosionsmittelpunkt. Offensichtlich hatte im Augenblick der Explosion jemand auf diesen Stufen gesessen, denn der Umriß einer menschlichen Form ließ sich an einer Stelle deutlich erkennen; an dieser Stelle war ein großer Teil der Explosionshitze absorbiert worden und dieses Stückchen Stein war vor der Transformation, die die enorme Hitze überall bewirkte, geschützt worden.

Der Friedenspark ist von der modernen und regen Stadt Hiroschima umgeben, die – vollständig wiederaufgebaut – kein sichtbares Zeichen des fürchterlichen Ereignisses von vor nahezu 40 Jahren trägt. Der Park ist zweifellos ein Ort, an dem man über unsere menschliche Zerstörungsfähigkeit und Grausamkeit nachdenken muß. Er wirkt jedoch durch seine einfache und strenge Schönheit auch erbauend und das nicht zuletzt durch die fröhlichen Gesichter der kleinen Kinder in dem unablässigen Besucherstrom, die das neubeginnende Leben sichtbar und spürbar machen und Hoffnungen auf die Zukunft wecken. Daher sind vielleicht die bleibenden Eindrücke, die Hiroshima heute bei dem Besucher hinterläßt, die der Wiederbelebung und der menschlichen Fähigkeit, Unglück zu überwinden und nicht die der Zerstörungskraft und der Endgültigkeit des Todes. So soll es auch sein, denn die Bombe, die auf Hiroshima fiel, bedeutete in der Tat nicht das definitive Ende dieser Gemeinschaft. Obwohl die Zerstörung sehr groß und das Leid gewaltig war – und immer noch ist – und obwohl viele getötet wurden, ging das Leben der Menschen in der Stadt weiter, und von dem grauenvollen Elend bleiben hauptsächlich die lebendigen Erinnerungen und der Gedächtnispark. Damit ist sogar aus dieser schrecklichen todbringenden Verwüstung erneut Sinn und Schönheit hervorgegangen, Schaffenskraft und neues Leben. Gerade indem wir uns ihrer erinnern, ist die Bombardierung von Hiroshima für uns alle ein wichtiges Symbol geworden – zweifelsohne ein Symbol des Schreckens und des Bösen und all dessen, was nie wieder geschehen darf –, aber eben aus diesem Grunde war sie ein außerordentlich bedeutungsvolles Ereignis im Leben der Menschheit. Hiroshima ist für alle Frauen und Männer überall aus grauenvollem Elend wiederauferstanden zu Schaffenskraft und neuem Leben. Natürlich ist Hiroshima diesbezüglich kein Einzelfall. In seiner Erinnerung und seinem Gedächtnis ist der menschliche Geist oft fähig, die grauenvollsten Übel zu transzendieren, indem er sie zu Augenblicken symbolischer Sinngebung umwandelt, die den Zustand unserer menschlichen Gemeinschaft beleuchten. Dies geschah mit Buchenwald und den anderen Nazi-Vernichtungslagern; ebenso mit dem Massaker der Armenier durch die Türken vor Jahrzehnten und mit dem Völkermord an den amerikanischen Indianern durch die europäischen Siedler, als diese den nordamerikanischen Kontinent einnahmen; ebenso mit der Ermordung oder Hinrichtung von Personen, die ihrem Volk starke Führer waren und ihm geistige Erkenntnisse weitergaben: Gandhi, Martin Luther King, Sokrates und als wichtigster – zumindest für die Christen, da seine Kreuzigung ins Zentrum des Glaubens an die Erlösung rückte – Jesus Christus. Je tiefer das menschliche Unglück, so scheint es, um so größer ist die Kraft des menschlichen Geistes, erlösend zu wirken auf das Leben derer, die das Andenken daran bewahren.

So betrachtet, kann das Symbol Hiroshima uns auch leicht in die Irre führen, denn es steht nicht nur für das, was einmal bzw. zweimal vor fast 40 Jahren geschah, sondern auch für das, was in diesem oder im nächsten Jahr auf uns zukommen kann: ein totaler Atomkrieg. Und wenn es soweit kommt, wird dieses Ereignis – anders als Hiroshima und anders als alles Unheil, das Menschen je einander zugefügt haben – möglicherweise nicht in der Erinnerung und dem Gedächtnis bewahrt bleiben, um einen neuen erlösenden Sinn zu erhalten. Denn es ist ohne weiteres möglich, daß nach einer Generation keiner mehr da ist, der sich erinnern könnte. Der potentielle nukleare Holocaust, vor dem wir stehen, schließt zwangsläufig die mögliche Auslöschung der Menschheit ein; ein ganz und gar einmaliges Ereignis in der Menschheitsgeschichte, das keine erlösende Bedeutung für uns Menschen haben kann. Die Wiederbelebung Hiroshimas und anderer Unheilstätten darf uns nicht beruhigen und uns dabei die absolute Einmaligkeit und den ganzen Schrecken des Unheils verkennen lassen, vor dem wir im späten 20. Jahrhundert stehen. Es ist ein Ereignis, das keine Generation vor 1945 überhaupt zu ersinnen in der Lage war.

Viele mögen dies für übertrieben oder gar unwahr halten, da das Ende der Menschheitsgeschichte schon lange, sowohl in den religiösen Traditionen der Menschheit als auch in den modernen wissenschaftlichen Spekulationen über die Entwicklung des Kosmos und über die Entropie, vorausgesehen wird. Beispielsweise sind die religiösen Traditionen des Westens durchdrungen von der Erwartung von Gottes Jüngstem Gericht, bei dem die Spreu vom Weizen getrennt wird und alles, was Gottes Plan zuwiderläuft, in dem Moment, da Gott diesen Plan zu seiner endgültigen Erfüllung bringt, in einem feurigen Inferno zerstört werden wird. Die im Alten Israel entwickelte, vom Christentum übernommene und allgemein verbreitete Geschichtsauffassung, die vielleicht bei der Prägung des modernen westlichen Denkens eine entscheidende Rolle gespielt hat, eignete sich gut für ein starkes Zukunftsdenken und war daher der natürliche Nährboden für aufkeimende Vorstellungen über das zeitliche Weltende. Obgleich manche immer noch hofften, die Erfüllung der Geschichte würde das Böse der Menschheit mildern und heilen –

zumindest für die Gläubigen –, sahen andere, wie der Prophet Amos, in der allerletzten Zukunft offensichtlich nichts anderes als vollkommene Zerstörung. Jesu Predigten waren durchdrungen von der Erwartung eines nahe bevorstehenden Weltendes durch eine Katastrophe, und es hat in den vergangenen 2000 Jahren viele christliche Bewegungen gegeben, die dieses starke eschatologische Bewußtsein aufgegriffen haben und der Rückkehr des Herrn auf den Wolken des Himmels geradezu stündlich freudig entgegensahen.

Obwohl also der Gedanke einer Beendigung der Geschichte in einer Katastrophe für die westlichen religiösen und kulturellen Traditionen ›ein alter Hut‹ ist, ist er doch weitgehend verdrängt worden, wohl nicht zuletzt durch den Einfluß intellektueller Kreise im Westen seit der Aufklärung.

Jedoch wird das Ende der Geschichte in der religiösen Eschatologie des Westens ganz anders beschrieben, als es sich uns heute darstellt. Denn diese Eschatologie ist untermauert durch den Glauben an einen aktiven Schöpfer und Lenker der Geschichte, der von Anbeginn an Pläne verfolgte, deren Verwirklichung im Zuge der Erfüllung der Geschichte sicher war. Die Beendigung der Geschichte – ob sie nun als letzte Katastrophe oder als letzte Rettung angesehen wurde – mußte daher Gottes entscheidende Handlung sein. Mit der Vorstellung einer Erfüllung dieser Art konnten die Gläubigen leben – ihr sogar hoffnungsfroh entgegensehen –, denn dies wäre der Augenblick, da Gott endgültig über alle bösen Mächte triumphierte.

Dahingegen müssen wir das Ende der Geschichte, das im späten 20. Jahrhundert abzusehen ist – ein durch den nuklearen Holocaust herbeigeführtes Ende –, nicht in erster Linie als Gottes, sondern als unsere Handlung ansehen. Außerdem ist es nur schwer vorstellbar als Teil eines großen Plans zur Rettung der Menschheit; es handelt sich eher um die Auslöschung – die vollständige Ausrottung – des menschlichen Lebens auf der Erde. Es bedeutet nicht nur das Aufhören allen individuellen Hoffens und Sehnens – diesem steht jeder einzelne gegenüber, wenn er seinen eigenen Tod betrachtet –, sondern das Ende aller Hoffnungen und aller Sehnsüchte, ja aller Hoffenden und Sehnenden, aller zukünftigen Generationen, die unsere Suche und unsere Pläne weiterführen, die unsere Werte und Sinngebungen, Einrichtungen und Lebensformen weitertragen könnten, in die die Menschheit über viele Jahrtausende hinweg soviel investiert hat. Außer der vollkommenen Vernichtung des Menschen, die durch einen solchen Konflikt möglich ist, kann die Verseuchung und die radikale Veränderung der oberen Erdatmosphäre sowie das Einsetzen eines sogenannten nuklearen Winters das Überleben der meisten Lebensformen unmöglich machen, denn sie werden unseren Planeten zurückverwandeln in seinen ursprünglichen, weitgehend unfruchtbaren und toten Zustand – mit einem wichtigen Unterschied: Die Erdatmosphäre jener primordialen Zeitalter barg die Entwicklung unzähliger Arten von Lebenwesen; die Atmosphäre nach einem nuklearen Holocaust wird bis in eine sehr weite Zukunft hinein hoffnungslos verseucht bleiben.

In seinem kürzlich erschienenen Buch *Das Schicksal der Erde – Gefahr und Folgen eines Atomkriegs*[1] katalogisiert Jonathan Schell die nahezu unvorstellbare Zerstörung und das Leiden in einem nuklearen Konflikt, der möglicherweise in der vollkommenen Auslöschung der Menschheit kulminiert. Weiter zeigt er auf, wie wichtig eine klare Unterscheidung ist zwischen dem Leiden und Sterben von Menschen auf der einen Seite und der fast unvorstellbaren Vernichtung der gesamten menschlichen Zukunft auf der anderen.

Die Möglichkeit, daß die heute Lebenden die künftigen Generationen daran hindern können, ins Leben zu treten, zwingt uns dazu, völlig neue Fragen nach unserem Dasein zu stellen, deren weitestreichende lautet, was uns denn diese Ungeborenen bedeuten, von denen wir den meisten nie begegnen werden, selbst wenn sie geboren werden sollten. Vor unserer Zeit hat sich noch niemand diese Frage gestellt, weil bisher keine Generation über Leben und Tod der ganzen Art entscheiden konnte. Aber wenn wir schon kaum in der Lage sind, den Tod von Milliarden bereits lebender Menschen zu begreifen, wie sollen wir dann Leben oder Tod der unendlichen Zahl noch nicht vorhandener Menschen begreifen? ... Der Tod beendet das Leben. Die Vernichtung beendet die Geburt. Der Tod liefert jeden Menschen, der geboren wurde, dem Nichts aus. Die

[1] *Jonathan Schell*, Das Schicksal der Erde – Gefahr und Folgen eines Atomkriegs, München (dtv) 1984; Erstausgabe München 1982.

19

Vernichtung wirft mit einem Schlag ungeborene Menschen ins Nichts, noch bevor sie gelebt haben. . . . Die Bedrohung richtet sich vielmehr gegen all das, was gemeinsamer Besitz der Menschheit ist, denn unsere Art sichert den Fortbestand der Welt, in der alle unsere Unternehmungen sich abspielen und ihren Sinn finden, vermöge der Fähigkeit, neue Generationen hervorzubringen.[2]

Überraschenderweise war es ein nichttheologischer Autor, der auf dramatische Weise öffentlich auf diese neue historische Situation der Menschheit aufmerksam gemacht hat. Die meisten derjenigen, die sich aus beruflichen oder anderen Gründen intensiv mit Religion befassen, scheinen, wie ernsthaft auch immer sie sich selbst mit der nuklearen Krise auseinandergesetzt haben mögen, ihrer vermutlich signifikantesten religiösen Auswirkung kaum Beachtung geschenkt zu haben: dem heute stattfindenden Wandel der religiösen Situation des Menschen, hervorgerufen durch die Möglichkeit, daß wir Menschen nicht nur uns selbst vollkommen zerstören, sondern auch unsere ganze Spezies, alle zukünftigen Generationen und damit das ganze menschliche Projekt abrupt zum Halten bringen können, durch das und für das viele hunderte von Generationen gearbeitet haben.[3] Einige

[2] Ebenda, S. 100–102.
[3] Es sollte erwähnt werden, daß es einige Theologen gab, die schon früh die Neuheit der religiösen Situation im nuklearen Zeitalter erkannten, aber ihre Erkenntnis scheint auf die nachfolgende theologische Diskussion über die neuaufgeworfenen Probleme keinen starken Einfluß gehabt zu haben. Henry Nelson Wieman z. B. konnte schreiben: »Die Bombe, die auf Hiroshima fiel, schnitt die Geschichte wie ein Messer in zwei Hälften. Die Welt vorher ist eine andere als die danach. Dieser Schnitt ist abrupter, entscheidender und revolutionärer, als der Schnitt, den der Bethlehemstern verursachte . . ., denn er verändert die menschliche Existenz rascher als irgendein Ereignis zuvor. Die wirtschaftliche und die politische Ordnung paßte in das Zeitalter, bevor dieser Fallschirmsprung selbstmörderisch wurde. Der gleiche Bruch setzt sich in der Erziehung und der Religion fort.« (The Source of Human Good, Chicago, 1946, S. 37). Und im gleichen Jahr stellt die »Calhoun Kommission« fest, die von dem Rat christlicher Kirchen in Amerika als Beratungsausschuß berufen worden war: ». . . es scheint . . ., als könne der Mensch durch eine Fehlleitung der Atomenergie die irdische Geschichte zu ihrem vorzeitigen Ende bringen. Seine Freiheit ist daher

Vorfälle in der jüngeren Vergangenheit – wie der Holocaust während der Nazi-Herrschaft oder das Massenmorden in Kambodscha oder die versuchte Ausrottung der indianischen Kulturen Nordamerikas – belegen hinreichend und auf das lebhafteste die Fähigkeit des Menschen zu massiven Greueltaten, sie lassen jedoch die Endgültigkeit, die wir hier versuchen zu begreifen, bloß erahnen. Warum haben nicht mehr Theologen und religiöse Männer und Frauen schon vorher diesen uns direkt vor Augen stehenden Sachverhalt und seine religiösen Konsequenzen von ihrem theologischen Standpunkt aus näher beleuchtet? Warum haben sie nicht versucht, die gegenwärtige religiöse Situation in diesen Zusammenhang zu stellen oder die Einmaligkeit dieses potentiellen Unheils in dem Verständnis und mittels der Erkenntnisse zu interpretieren, die uns unsere religiösen Traditionen bieten? Ich möchte im folgenden einige Konsequenzen aufzeigen, die sich aus unserer neuen religiösen Situation für den christlichen Glauben und das christliche Denken ergeben, und begründen, warum sich die traditionelle christliche Theologie mit dieser Situation nicht vereinbaren läßt.

Jonathan Schell hebt hervor, daß unsere neuerlangte Fähigkeit, alles zukünftige menschliche Leben auszurotten, und damit die Möglichkeit, daß wir es ausrotten, so erstmalig und ungewohnt ist, daß es uns schwerfällt, überhaupt zu begreifen, worum es hier geht. Es ist schwer genug – einige Philosophen halten es für unmöglich –, sich den eigenen Tod vorzustellen; mit welchen Konzepten oder Bildern sollte es dann möglich sein, sich den Tod der gesamten Menschheit, das Ende aller menschlichen Pläne und Hoffnungen zu vergegenwärtigen? Die Vorstellung ist so abstrakt, so sinnesfern, daß wir selbst kaum begreifen, wovon wir sprechen.

Hier ist es wieder wichtig, unsere heutige Situation den eschatologischen Visionen der vielen religiösen Gemeinschaften, vom Alten Israel bis hin zur Gegenwart, gegenüberzustellen: In den

maßgebender und gefährlicher, als wir angenommen hatten. Indem er die Menschen eine Stufe unter die Engel stellte, hat Gott ihnen anscheinend eine Verantwortung nicht nur von persönlicher, sondern auch von kosmischer Tragweite aufgebürdet.« (Atomic Warfare and Christian Faith, New York, 1946, S. 20) meisten Fällen erwartet man, daß ein heiliger Rest von Gläubigen die Katastrophe überleben würde; selbst in den finstersten Visionen jenes dunklen Tages findet sich die Genugtuung in der Überzeugung, daß Gottes gerechter Wille am Ende obsiegen und die Ehre und Herrlichkeit Gottes behauptet wird. So hatte für die traditionelle Eschatologie immer die Erfüllung der Geschichte einen positiven Sinn – einen für die Menschen signifikanten Sinn. Aber unsere Situation heute ist eine andere. Die potentielle Katastrophe, die wir in Betracht ziehen müssen, entbehrt eines solchen Sinnes. Wir können uns lediglich eine Erde vorstellen, die wie der Mond über uns einer unfruchtbaren Wüste gleicht, ohne jedes Leben, umgeben von einer mit Giftgasen angereicherten Atmosphäre. Das einzig Menschliche an dieser Vorstellung ist, daß wir Männer und Frauen diejenigen sein werden, die es getan haben, daß wir für die Herbeiführung der Katastrophe verantwortlich sein werden. Wenn es geschieht, wird von den Menschen nichts, was für sie kennzeichnend wäre, übrigbleiben. Wie können wir einen so vollkommen abstrakten Gedanken denken: den einer Erde, von der der Mensch völlig und unwiederbringlich verschwunden sein wird? Und wie können wir eine solche Idee ernst nehmen? Kein Wunder, daß die meisten Menschen es nicht tun.

Nicht nur die eigentliche Vernichtung der Menschheit ist für uns fast unvorstellbar; es ist auch unmöglich, unsere bekannten Muster beim Einschätzen neuer Handlungsweisen – durch den Rückgriff auf Werte, Maßstäbe und Normen, die für uns wichtig sind – auf diese neue Situation anzuwenden. Schell beschreibt das folgendermaßen:

Den Wert von Menschen und Dingen beurteilen wir gewöhnlich anhand von Maßstäben. So bewerten wir die Produkte unserer Arbeit nach dem Maßstab der Nützlichkeit, politische Aktivität nach dem Maßstab der Gerechtigkeit, künstlerische und geistige Werke nach dem Maßstab der Schönheit und der Wahrheit, menschliches Verhalten in der Regel nach dem Maßstab des Guten. Und wenn die Dinge, die wir wertschätzen, miteinander in Widerstreit liegen, so messen wir sie an dem vielleicht undefinierbaren, trotzdem aber verständlichen und nützlichen Maßstab des Gemeinwohls. Den Wert der Menschheit als ganzer zu beurteilen, dazu taugt keiner dieser Maßstäbe, auch nicht der des Gemeinwohls, denn sie alle verlieren ihre Bedeutung, setzt man nicht zuvor die Existenz eben jener Sache voraus, deren Verlust sie messen sollen – den der Menschheit.

Alle nur denkbaren Wertmaßstäbe können nur dazu dienen, die Dinge des Lebens zueinander in Beziehung zu setzen – einen Wert für das Leben selbst vermögen sie nicht zu liefern.[4]

Zugegeben, Schells Argumentation ist reichlich anthropozentrisch ausgerichtet, jedoch ist ihr Kern nichtsdestoweniger richtig. Wir befinden uns in einer absolut erstmaligen Situation, in der wir mit einem Unheil rechnen müssen, dessen Konsequenzen wir uns kaum vorstellen können und für dessen Dimensionen wir keine adäquaten Bewertungsgrundlagen haben; dennoch ein Unheil, dessen alleinige Urheber wir Menschen wären, eine Katastrophe, für die ausschließlich wir verantwortlich wären. Obwohl dieses Ereignis fast alles zerstören würde, was unserem Leben Bedeutung gibt, ist die Handlung, die es herbeiführt, mit Bedeutung beladen – und zwar nur im Negativen. Ich sehe in keiner der menschlichen Absichten und Handlungen, die zu diesem Ereignis führen, irgendeinen erlösenden Wert.

Die möglicherweise nahe bevorstehende Vernichtung der Menschheit führt uns an die äußersten Grenzen unserer menschlichen Existenz. Ich bin nicht in der Lage, die vielen religiösen Traditionen der Menscheit zu überschauen, um eine Interpretation für dieses Ereignis zu finden; aber ich möchte bestimmte westliche – hauptsächlich christliche – Gedanken kurz auf einen möglichen Zusammenhang mit dem uns bevorstehenden Problem hin untersuchen. Nur wenige der Weltreligionen haben die menschliche Schaffenskraft und Verantwortlichkeit so stark betont wie die Traditionen, die ihren Ursprung in der Bibel haben. Aber nicht einmal die religiösen Traditionen des Westens haben menschliche Macht und Verantwortung in den heutigen Ausmaßen und Größenordnungen vorausgesehen: Man glaubte niemals, daß die Menschheit die Macht haben könnte, sich selbst vollkommen zu zerstören; diese Macht lag ganz allein bei Gott. Unser katastrophales Ereignis läßt sich in den Begriffen dieser Traditionen auf zweierlei Weise interpretieren. Entweder wir

[4] J. Schell, aaO. 107.

behaupten, daß die allerletzte Katastrophe, wenn sie kommt, in irgendeiner signifikanten Weise Gottes Willen und Gottes Tun ist, daß die Vernichtung der Menschheit, die Gott in Noahs Zeiten erwog, nun durch einen nuklearen Holocaust anstatt durch eine Sintflut stattfindet. Oder aber wir gehen davon aus, daß Gott als der Erlöser und Retter der Menschheit und als ihr Schöpfer sich so stark an die Menschen und ihr Tun gebunden hat – in dem Bund, den er mit uns in Jesus Christus schloß, wie Karl Barth sagen würde –, daß diese vollkommen unselige Selbstzerstörung niemals zugelassen werden wird. Beide Möglichkeiten bestätigen die letzte und höchste Gewalt Gottes über den Lauf der Geschichte, was für den biblischen Glauben unabdingbar ist. Diese Vorstellung gibt uns Menschen, selbst angesichts der potentiellen Katastrophe, einen Grund zur Hoffnung und sie impliziert, daß das eigenständige Handeln der Menschen hier – wie immer – in den Begriffen des Gehorsams gegenüber dem göttlichen Willen verstanden werden muß. Gottes Aktivität auf diese Weise in den Brennpunkt gerückt, verbirgt bei beiden Interpretationen das Zentrale und Neue dieses möglichen Ereignisses, wie es sich uns heute darstellt: *daß wir Menschen allein und vollständig dafür verantwortlich sein werden, wenn diese Katastrophe eintritt, daß dieses Ereignis in erster Linie das Ergebnis menschlichen Tuns und nicht das des göttlichen Willens sein wird und daß unser Handeln sowie unser Hoffen in dieser Sache auf eine Veränderung unserer menschlichen Einrichtungen und unserer Politik gerichtet werden müssen.*

Einige Fundamentalisten der religiösen extremen Rechten, die in dem Vollzug des irdischen Holocaust, wie er in den apokalyptischen Bildern der Bibel beschrieben wird, den endgültigen Ausdruck von Gottes unumschränkter Gewalt über die Geschichte sehen, sind offensichtlich gewillt, sogar ein nukleares Desaster – wenn es jemals geschieht – einzig und allein als Ausdruck göttlicher Absichten darzustellen.[5] Demzufolge macht sich natürlich

---

[5] Siehe: The Boston Globe, 2. Mai 1982, S. A-1 für ein Überleben einiger zeitgenössischer Meinungen dieser Art. Für eine ausführliche Ausarbeitung dieser Position, s. *Hal Lindsay*, The Late, Great Planet Earth, Grand Rapids, 1970.

jeder des Widerstandes gegen den göttlichen Willen schuldig, der sich dafür einsetzt, diesen ›Höhepunkt‹ der menschlichen Geschichte zu verhüten. Einher mit solchen Überzeugungen geht, wie man sich denken kann, die Forderung, die westliche Welt, in Vorbereitung auf das bevorstehende Harmageddon, bis zu den Zähnen zu bewaffnen. Sicherlich ist jedoch der Rückzug auf eine solche Position letztendlich die Flucht vor unserer menschlichen Verantwortung in dieser Angelegenheit; ja, es ist dämonisch, den göttlichen Willen als Rechtfertigung gerade für diese Flucht zu beschwören.

Die andere traditionelle theologische Interpretation, die davon ausgeht, daß die göttliche Vorsehung und Erhaltung unsere Selbstzerstörung in einem nuklearen Holocaust nicht zulassen wird, treibt uns zwar nicht in ein so dämonisches Extrem, jedoch führt sie ebenfalls dazu, den Nerv der menschlichen Verantwortlichkeit zu durchtrennen, indem sie uns versichert, daß – wie grauenhaft auch immer ein Atomkrieg sein mag, und wie sehr wir auch verpflichtet sein mögen, gegen ein solches Unheil anzugehen – wir Menschen – allein – nicht in der Lage sein werden, die menschliche Geschichte zu beenden.

Natürlich können nuancierte Varianten und Kombinationen dieser theologischen Möglichkeiten ausgearbeitet werden, von denen einige sicherlich überzeugend zum Kampf gegen das nukleare Desaster anspornen, was die weitgestreute Aktivität religiöser Gruppen beweist. Jedoch begegnen alle diese Interpretationen einer ernsthaften Schwierigkeit: Sie versuchen unsere neue religiöse Situation – in der wir die menschliche Macht und Verantwortung als so überwältigend und erschreckend erleben – in den symbolischen Begriffen von der unumschränkten Gewalt Gottes zu verstehen, von der sich diese Idee aber weder ableiten noch interpretieren läßt und die daher eher zur Verschleierung als zu Erhellung der wahren Natur unserer mißlichen Lage beiträgt. Dadurch, daß dieser Betonung der allmächtigen göttlichen Gewalt das traditionelle christliche Versprechen vom Leben nach dem Tode für die Gläubigen hinzugefügt wird, wird die Aufmerksamkeit der Menschen für diese Vorgänge und Entwicklungen auf der Erde zusätzlich getrübt.

Die nackte Tatsache, daß die Menschheit für ihre irdische Zukunft vollkommen verantwortlich ist, wird durch die potentielle nukleare Katastrophe symbolisiert und stellt das – so bedeutungsträchtig in dem Symbol der göttlichen Souveränität komprimierte – traditionelle Denken von Gottes Macht und Gottes Absichten, von der Liebe als eigentlichem und einzig gültigem Grund zur Hoffnung in unserer verzweifelten Situation in Frage. Das heißt, daß wir viel ernsthafter als bisher die Notwendigkeit in Betracht ziehen müssen, einige der grundlegendsten Axiome der westlichen religiösen Symbolik und des Glaubens neu zu überdenken. Das ›Mündigwerden‹ der Menschheit, um Bonhoeffers Worte zu benutzen, bedeutet, daß die traditionellen Bilder der göttlichen Vorsehung, die letzlich eine menschliche Erfüllung garantieren, nicht nur unmodern, sondern auch irreführend und in wichtiger Hinsicht gefährlich geworden sind und gründlich überarbeitet werden müssen. Das personale Gotteskonzept, das so machtvoll präsentiert wird von den traditionellen Bildern christlicher und jüdischer Frömmigkeit, scheint immer weniger haltbar angesichts der Probleme, die sich der Menschheit heute stellen: nicht nur die nukleare Krise, sondern auch die Grauen der Nazizeit, unsere ökologischen Schwierigkeiten, die Bevölkerungsexplosion, die von der modernen biologischen Wissenschaft erzwungenen Entscheidungen. Und die anthropozentrischen und sogar henotheistischen Formen, die diese Glaubensüberzeugungen gewöhnlich in der Geschichte angenommen haben, sind weit davon entfernt, das Menschliche zu retten, vielmehr scheinen sie selbst ein Teil des Problems zu sein. Wenn nicht von Grund auf veränderte Bewegungen in diesen westlichen Glaubensgrundsätzen, in diesen Traditionen in Gang gebracht werden bzw. werden können, werden sie uns auch nicht dazu dienen können, die Dimensionen der Situation, die wir meistern müssen, zu erfassen und zu deuten. Auf diesen Seiten möchte ich bestimmte Neugestaltungen anregen, die mir in einigen der fundamentalen christlichen Konzeptionen erforderlich erscheinen.

Ich wage zu behaupten, daß die Einsicht bei vielen heute fehlt, daß Veränderungen in unserer geschichtlichen Situation – empirische Geschichtsveränderungen – selbst nach einer Veränderung unserer religiösen Situation verlangen und uns zu ihr genauso zwingen wie zu Veränderungen in den Bezugsrahmen unserer Werturteile und unserer moralischen Entscheidungen. Ungeachtet der Tatsache, daß die religiösen Glaubensüberzeugungen des Westens ihrem Selbstverständnis zufolge in und durch eine Entwicklung historischer Unvorhersehbarkeiten – »Heilsgeschichte« genannt – entstanden sind, sind die Anhänger dieser Glaubensrichtungen lange Zeit recht resistent geblieben gegen Neukonzeptionen ihrer fundamentalsten Überzeugungen, die von neuen historischen Entwicklungen gefordert werden. Da sie die göttliche Offenbarung als ihre allerhöchste Autorität beanspruchten, haben die meisten Theologen ihre Aufgabe darin gesehen, Werte und Normen, Lehren und Ideen der einen bestimmten Tradition, die sie anerkannten, weiterzuvermitteln, und die Möglichkeit der empirischen Entkräftung zentraler religiöser Ansprüche ist weitgehend ignoriert oder abgeleugnet worden; einige halten diese gar für prinzipiell unmöglich. Ferner werden nicht nur in der Theologie, sondern ebenso in zeitgenössischen philosophischen Reflexionen häufig die deskriptiven und historischen Untersuchungen und Ansprüche scharf unterschieden von den normativen Ansprüchen und Vorschlägen, und es wird die Ansicht vertreten, daß diese jeweils unabhängig voneinander behandelt werden müssen. Man sagt, daß »Tatsache« und »Wert«, »ist« und »sollte« sich logisch voneinander unterscheiden und unabhängig voneinander sind; dabei sei es ein kategorischer Fehler, davon auszugehen, daß die Veränderungen irgendeines dieser logischen Typen unsere Haltung den anderen gegenüber entscheidend beeinflussen könnten oder sollten. Die wissenschaftliche oder historische Suche nach Wahrheit – nach »Tatsachen« – ist und muß »wertfrei« sein; moralische, religiöse und Bindungen an andere Werte bleiben und finden ihre Rechtfertigung auf Grundlagen, die unabhängig sind von existentiellen oder sachlichen Überlegungen.

Ich möchte zu bedenken geben, daß im Lichte unserer neuen religiösen Situation solche theologischen und philosophischen Ansprüche in Frage gestellt und aufgehoben sind. Denn sie setzen voraus, daß Leben tatsächlich gelebt und Wissen erworben werden kann in bezug auf bereits Existierendes und Gegebenes, daß Werte, Normen und Wahrheiten von irgendeiner vermeintlich aufschlußreichen kulturellen Tradition getragen werden und das empirische Datenmaterial geschichtlich und wissenschaftlich offengelegt ist. Unsere neue Situation beweist jedoch, daß es falsch ist, unsere menschliche Welt als eine Welt zu sehen, die sich auf feststehende und vollendete Gegebenheiten gründet, ob Werte oder Fakten. Beides, Fakten und Werte, sind, wie die Möglichkeit einer Katastrophe verdeutlicht, immer hinfällig und sehr unstabil.

Wir wollen unsere Aufmerksamkeit einen Augenblick der besonderen Art zuwenden, mit der die Zukunft, das Mögliche, auf das menschliche Leben, auf die Gegenwart einwirkt, und so diese unentrinnbare Hinfälligkeit verursacht. Zukünftiges, Mögliches, hat immer eine sehr eigene Beziehung zur Gegenwart und zu den existierenden empirischen Realitäten gehabt. Jedoch bis vor kurzem war es für uns nicht schwer, die volle Bedeutung dieser besonderen Verknüpfung von Zukunft und Gegenwart, von Möglichkeit und Wirklichkeit zu überschauen. Wir waren in der Lage, unsere Belange auf den Rahmen unseres Wissens zu beschränken, z. B. auf die Gegenwart und die Vergangenheit, d. h. auf die sogenannten »Fakten«, von dem was ist oder von dem, was war. Wir glaubten (wie wir meinten mit gutem Grund), wir könnten selbstverständlich davon ausgehen, daß es eine Zukunft geben werde, wenn auch nicht für uns selbst, so zumindest für unsere Kinder; wir glaubten, daß es immer wieder ein Morgen und Morgen und Morgen geben wird. Daher fiel es uns leicht, die wirkliche Bedeutung außer acht zu lassen, die die Zukunft in jeder Gegenwart für das menschliche Dasein und Denken hat. Diese Mißachtung der Wichtigkeit von Zukünftigem für das menschliche Leben hatte seine Folgen. Insbesondere im Hinblick auf das hier dargelegte Problem hat sie das Selbstverständnis der Theologie gestaltet.

Viele Theologen beispielsweise gingen (wie die Gläubigen traditionsgemäß) mit der größten Selbstverständlichkeit davon aus, daß das Leben weitgehend innerhalb der Glaubensorientierungen und Werte geführt werden kann und soll, die in der Vergangenheit gebildet wurden und heute durch die autoritativen Traditionen fortgeführt werden. Diese würden die Menschen führen und jedem möglichen Zufall sowie jeder denkbaren Zukunft hinlänglich Sinn verleihen. Keine empirische Situation würde oder könnte diese autoritative Tradition entkräften, wie Paulus sagt: daß *nichts* »uns scheiden kann von der Liebe Gottes, die in Christus Jesus ist, unserem Herrn« (Röm 8,38f). Jedoch ignoriert eine solche Position die Tatsache, daß die Zukunft, die sich nun so deutlich abzeichnet, offen und dem Zufall anheimgegeben ist.

Das menschliche Sein, sogar die existentielle Dimension unseres Seins, die wir »Glauben« nennen, läuft immer auf das Mögliche hinaus, auf das, was *nicht existiert*; es wird umrissen von dem fortwährenden Einwirken der Zukunft, die offen und unvorhersehbar ist. So können manche Leute ihren Glauben durch äußere Anlässe verlieren. Sie sehen den Sinn ihres Lebens schwinden, wenn sie in Verzweiflung geraten, und können ohne weiteres von der »Liebe Gottes in Christus Jesus« getrennt sein oder sich so fühlen. Entsprechend müssen wir natürlich mit dem umgehen, was wir für Wissen oder Wahrheit halten, sei sie wissenschaftlich philosophisch oder theologisch. Die ›Fakten‹ des Vorjahres bieten heute Stoff für humorvollen Spott; die ›Sicherheiten‹ und ›Wahrheiten‹ von heute werden morgen auf ziemlich unvorhersehbare Weise als Verirrungen und Illusionen erkannt werden.

Unsere theologischen und philosophischen Konzepte von Zufälligkeit und Endlichkeit tendieren dazu, uns daran zu erinnern, daß wir in einer Welt leben, in der vieles unerwartet und unbekannt, vieles unwägbar und letztlich nicht zu wissen ist, in einer Welt, die wir nicht unter Kontrolle haben. Und wenn wir mit religiösen Worten von dem letzten Mysterium des menschlichen Lebens und seinem Sinn – oder seiner Sinnlosigkeit – sprechen, meinen wir die unermeßliche Tiefe und die letztendliche Dunkelheit, in der das Leben für uns liegt; eine Tiefe und Dunkelheit, mit der die mannigfaltigen Symbole der menschlichen Religionen immer kämpfen mußten, wenn sie für die menschlichen Gemeinschaften Orientierung und Sinngebung suchten. Die heutige Möglichkeit, daß wir in einem nuklearen Holocaust nicht nur uns selbst, sondern auch alles zukünftige Leben auf Erden vernichten, stellt uns auf eine neue, tiefgreifende Weise dem Mysterium unserer gemeinsamen menschlichen Existenz gegenüber, indem es uns zwingt, uns aufrichtig mit dem Paradoxon unserer Endlichkeit und unserer Macht, unserem Wissen und unserem endgültigen Unwissen, auseinanderzusetzen. Während dieses Mysterium früheren Generationen in gewisser Weise von außen auferlegt, in der Unzulänglichkeit des menschlichen Wissens, in der menschlichen Schwäche verankert zu sein schien, sind es heute paradoxerweise unser eigenes enormes Wissen und unsere Macht, die wir nicht zu kontrollieren oder richtig einzusetzen vermögen. Das Mysterium und die Unbegreiflichkeit des Lebens entspringen unserem Innersten; es zeigt sich aufs Erschreckendste, daß unsere Endlichkeit und Schwäche tief in unserer nämlichen Macht und unserem Wissen verborgen liegen. Je deutlicher die Zukunft vor uns als unbekannt klafft – als schrekkenerregende Möglichkeit, als potentielle Zerstörung unserer Lebensweise und all dessen, was uns lieb und teuer ist –, um so stärker sind wir verleitet, diese Zukunft ganz unter unsere Kontrolle bringen zu wollen, indem wir versuchen, die Feinde, die uns bedrohen, vollends abzuschrecken. Und so versuchen wir, indem wir die neue Macht in unseren Händen mit immer größeren Waffenlagern vervielfältigen, unsere Zukunft zu sichern, und kommen damit nur unserer Vernichtung immer näher. Unser eigenes Wissen und Tun scheint uns zu zerstören; wie können wir diesen Widerspruch lösen? Die Tatsache, daß wir uns kaum unsere Vernichtung oder gar ihren Sinn auch nur vorstellen können, daß kein moralischer oder anderer Wert, kein Maßstab, den wir sonst zur Einschätzung unserer Lage und unserer Handlungsmöglichkeiten heranziehen, direkt anwendbar zu sein scheint, daß unsere traditionellen religiösen Symbole und Orientierungsrahmen nicht so passen, wie sie sollten, und daß wir im späten 20. Jahrhundert folglich losgelöst sind als die Generation, die nackt und allein diesem grauenvollen Zufall gegenübersteht, stellt uns auf eine neue Art vor die blanke Absolutheit des Mysteriums vom menschlichen Leben – einer Absolutheit, mit der Religionen und Theologen in der Vergangenheit lange gekämpft, die sie aber für ihre Gläubigen und Anhänger oft gemildert und beschönigt haben. Unsere gegenwärtige historische Situation erfordert, daß wir diese religiösen und theologischen Fragen in aller Offenheit und jetzt stellen. Wir können ihnen nicht mehr ausweichen, denn wir sind möglicherweise im Begriff, alles zukünftige menschliche Leben zu vernichten und müssen dafür die Verantwortung tragen. Wir müssen versuchen, diese Tatsache zu begreifen und Symbole finden, die sie angemessen interpretieren können. Denn dies ist der Augenblick der menschlichen Geschichte, in dem wir leben, und dies sind Probleme, die uns auferlegt worden sind, ob uns das nun gefällt oder nicht. Es gibt keinen Rückzug aus den Verantwortlichkeiten dieser Stunde – am wenigsten für Bürger der großen Supermächte, die Atomwaffen besitzen. Dies sind zentrale Aufgaben und Wesenszüge unseres Lebens als Menschen in der sogenannten zivilisierten Welt des späten 20. Jahrhunderts; und sie lasten in ganz besonderem Maße auf jenen, die sich beruflich mit Religion und Theologie befassen. Theologen und Religionsphilosophen tragen ebenso wie Mediziner und Nuklearwissenschaftler eindeutige berufliche Verantwortung in der Krise, die sich für uns alle anbahnt.

Es war die Aufgabe jeder Theologengeneration, ihre ererbte religiöse Tradition im Lichte der neuen historischen Situation, in der sie sich befand, neu zu interpretieren. Dies hat häufig bedeutet – wie wir sehen werden –, daß Theologen ihre Arbeit zwangsläufig beschränkt sahen durch gewisse grundlegende und bindende Verpflichtungen und Definitionen, die sie nicht brechen konnten; dadurch wurde die Theologie in der Regel zu einem hauptsächlich konservativen Unterfangen; doch bedeutete es auch, daß von den Theologen immer eine gewisse kreative Antwort auf die historische und kulturelle Situation der Gegenwart gefordert wurde, eine Antwort, die über all das hinausgeht, was die Tradition bietet, also die Schaffung einer Position, eines Standpunktes oder eines Konzeptes, das in bestimmten Hinsichten theologisch neu war. Im folgenden Kapitel wollen wir die Bedeutung dieser Dialektik zwischen ererbter Tradition und der Kreativität der theologischen Neuerung im einzelnen untersuchen.

Falls die Menschheit in eine weder von biblischen Schreibern noch von nachfolgenden Kommentatoren jemals vorhergesehene historische Situation vorgerückt ist, in eine Situation menschlichen Wissens, menschlicher Macht und Verantwortung, die die Vorstellungen des Möglichen unserer religiösen Traditionen um vieles übersteigt, dann können wir – christliche Theologen ebenso wie gewöhnliche Christen – nicht länger wagen einfach anzunehmen, daß wir durch die autoritative Tradition oder die Erkenntnisse der Vergangenheit die richtigen Werte und Maßstäbe kennen, d. h. die richtige Glaubensorientierung, in der wir das Leben zu verstehen und Entscheidungen und Handlungen festzulegen haben. Die Theologen dürfen sich selbst nicht länger hauptsächlich als Übermittler der Traditionen betrachten; sie müssen darauf vorbereitet sein, ihre ererbten Traditionen vollständig auseinanderzunehmen und neu aufzubauen, einschließlich und vor allem ihre zentralsten und teuersten Symbole: *Gott* und *Jesus Christus*. Wenn die Theologie wirklich dazu beitragen soll, dem menschlichen Leben in der heutigen Welt Sinn und Orientierung zu verleihen – was immer ihre Aufgabe war und ist –, muß sie die Fakten dieser Welt als solche vorbehaltlos annehmen, einschließlich jener eigentümlichen, noch nicht Wirklichkeit gewordenen Tatsache, also der Möglichkeit, daß wir jede zukünftige menschliche Existenz vernichten. Sobald Heteronomie und Autoritarismus der Tradition auf diese Weise in der Theologie überholt sind, werden die Theologen sich öffnen gegenüber Einsichten und Auffassungen, Standpunkten und Lebensorientierungen, Symbolen und Werten, die aus den vielen verschiedenartigen Traditionen und Kulturen der Menschheit hervorgehen, aus beiden, den weltlichen sowie den religiösen, den wissenschaftlichen und geschichtlichen sowie den theologischen. Wenn dies geschieht, dann darf man wagen zu hoffen, daß das theologische Denken erneut anfängt, ein wichtiger Wegweiser für das Leben auch in unserer grundlegend neuen geschichtlichen Situation zu sein.

Zum Abschluß noch kurz zwei Bemerkungen. *Erstens*, wir befinden uns in einer erstmaligen Situation der Menschheitsgeschichte; dies heißt jedoch keineswegs, daß damit alle Erkenntnisse und alles Wissen der Vergangenheit überholt sind und wir ganz von vorn anfangen müssen. Vieles von dem, was ich über die menschliche Existenz, über das Mysterium, in dem Leben verborgen bleibt, über Endlichkeit und Zufälligkeit gesagt habe, wurzelt natürlich im traditionellen religiösen und philosophischen Denken. Aber in unserer Zeit bringen diese Wurzeln eine neue Blüte hervor, nämlich ein neues und tieferes Bewußtsein für beides, sowohl für das Ausmaß der menschlichen Macht als auch für die enorme Bedrohung durch den Zufall, und tragen somit zu einem neuen Empfinden des tiefsten Mysteriums im Mittelpunkt des menschlichen Lebens bei. Obwohl es andere Argumente gegen die übergroße Abhängigkeit des theologischen Denkens von der autoritativen Tradition gibt, glaube ich, daß es das der gesamten Menschheit drohende Unheil ist, welches heute mit neuer Kraft die Falschheit und Abstraktheit dieser Denkweise klarmacht.

Das Nachdenken über den Sinn der potentiellen Vernichtung der Menschheit kann uns vielleicht befähigen, einige Vermutungen, die wir in der christlichen Theologie angestellt haben, vernünftig zu überprüfen, und es kann uns helfen, unser Denken in bedeutender Weise neuzuorientieren. Und dies wiederum sollte dazu führen, daß unsere Theologie stärker und direkter als bisher auf die uns allen bevorstehende Krise einwirkt.

Zweitens, in diesen Ausführungen habe ich mich auf die Bedeutung eines potentiellen nuklearen Holocausts bei der Neuorientierung der christlichen Theologie konzentriert. So ausgedrückt, klingt es, als hätte ich die Ungeheuerlichkeit der Ereignisse, um die es hier geht, extrem banalisiert, denn wer kümmert sich angesichts einer solchen potentiellen Katastrophe schon um so etwas wie die Neugestaltung der Theologie? Die Unverhältnismäßigkeit hierbei ist so gewaltig, daß sie komisch wirkt. Ich hoffe, niemand unterstellt mir, daß ich die Neukonzeption unserer akademischen Arbeit für die wichtigste Forderung halte, die die Bedrohung des nuklearen Holocausts an uns stellt. Es ist offensichtlich, daß außerordentlich dringliche, politische und moralische Imperative hier an uns alle gestellt werden. Wir müssen noch viel effektiver auf den nuklearen Aufrüstungsstop hinarbeiten und schließlich auf die vollkommene atomare Abrüstung; wir müssen einen Weg finden, dem System einzelstaatlicher Souveränität das Rückgrat zu brechen; wir müssen neue Prioritäten setzen bei Verbrauch und Verteilung der Güter dieser Welt; wir müssen aufhören, unsere Umwelt zu vergiften; wir müssen eine Möglichkeit finden für ein produktives und gerechtes Zusammenleben auf dieser Erde, ohne das Führen von Kriegen zwischen großen politischen Einheiten. Wir müssen hier tatsächlich mit der möglichen Vernichtung der Menschheit rechnen, und –

wenn wir in der heutigen Welt unsere volle Verantwortung tragen wollen – jeder muß – vor allem anderen – einen Weg finden, diese Vernichtung zu verhindern.

Die Möglichkeit eines nuklearen Holocausts ist m. E. zweifellos das Hauptproblem unserer Generation. Wenn der christliche Glaube unsere maßgebende Führung in dieser Krise sein soll, wird es notwendig werden, die zentralen christlichen Symbole in wichtigen Aspekten neu zu überdenken und neu zu füllen. Wir wollen einige Schritte in diese Richtung in den Kapiteln III und IV versuchen; bevor wir uns jedoch diesen Fragen zuwenden, ist es wichtig, die Entwicklung hin zu einem etwas andersartigen, neuen Theologieverständnis anhand unserer Überlegungen darzustellen. Dieser Aufgabe widmen wir uns im folgenden Kapitel.

II. Für eine Neukonzeption der Theologie

Der Abwurf der Atombombe auf Hiroshima am 6. August 1945 hat die Menschheit in eine vollkommen neue historische Situation versetzt. Der technologische Fortschritt hatte nun so gewaltige neue Zerstörungsmächte in die menschlichen Hände gelegt, daß eine als Instrument der nationalen politischen Taktik verstandene Kriegführung für die Großmächte überholt war. Die Menschheit trat in eine Epoche ein, in der die internationalen Beziehungen vorsichtig abgetastet wurden und nach und nach der Plan der gegenseitigen Abschreckung ausgearbeitet wurde, demzufolge die Atommächte alle anderen Nationen durch Drohung einer enormen destruktiven Vergeltung am Kriegführen hinderten. Ensprechend dieser Taktik der »Mutual Assured Destruction« (die so treffend MAD abgekürzt wird) legten dann die atomaren Mächte, als die Rüstungsspirale außer Kontrolle geriet, ungeheure Vorräte von immer gewaltigeren Nuklearwaffen an. Heute besitzen wir genügend nukleare Sprengköpfe, um nicht nur den schrecklichsten und zerstörerischsten aller Kriege der Menschheitgeschichte auszulösen, sondern – wenn wir sie massenhaft einsetzen – auch, um die Erde mitsamt ihrer Atmosphäre durch und durch zu vergiften, Sonnenlicht und -wärme für Monate auszulöschen und folglich die Fortdauer des menschlichen Lebens – und nicht nur des menschlichen – unmöglich zu machen. Die Menschheit hält die Mittel zu ihrer Ausrottung selbst in Händen.

Wie sollen wir theologisch an diese furchterregende neue Situation herantreten? Sicher ist, daß die Vorhersage einer solchen Katastrophe weder in der Bibel noch in irgendeinem christlichen Text vor 1945 auftaucht. Obwohl viele Christen versucht haben, diese Krise mit den Begriffen der traditionellen Auffassung und Grundsätze zu deuten, kann nicht von vornherein davon ausgegangen werden, daß diese sich dazu eignen. Ich habe bereits oben beschrieben, inwiefern einige der fundamentalsten Begriffe christlicher Tradition, z. B. die Souveränität und die Liebe Gottes, in bestimmten Zusammenhängen gefährlich irreführend geworden sind. Heißt das, daß sich der christliche Glaube mit unserem heutigen außerordentlich schwerwiegenden Dilemma nicht vereinbaren läßt? Wenn Theologie im wesentlichen verstanden wird als Übersetzungs- und Interpretationsarbeit der überlieferten Traditionen für jede neue Gegenwart – und als solche wurde sie gewöhnlich gesehen –, so besteht kaum eine Hoffnung, daß sie in der Konfrontation mit einer vollkommen unerwarteten Situation wie der unseren viele neue Einsichten vermitteln kann. Bestenfalls dürfen wir neue Versionen von alten Lehrsätzen erwarten, worauf sich bisher auch ein Großteil der christlichen Reflexion zu der nuklearen Krise – wie gründlich und eindringlich sie auch immer war – beschränkt hat.

Aber die theologische Aufgabe wird m. E. in dieser mehr oder weniger traditionellen Sicht mißverstanden, denn sie stützt sich auf bestimmte Voraussetzungen, die heute nicht mehr haltbar sind. Die bekannteste davon ist das Autoritätsprinzip, auf dem die traditionelle Theologie basiert. Diesem Prinzip zufolge ist die theologische Wahrheit nichts, was wir Menschen bei unserer Arbeit entdecken (oder schaffen) könnten; sie ist vielmehr etwas bereits Vorhandenes, das uns durch die Tradition – insbesondere in der Bibel – zugänglich gemacht wird, in der Erwartung, daß wir es uns zu eigen machen. Unsere Aufgabe als christliche Gläubige und Theologen besteht darin, die in den Schriften der Tradition enthaltene Wahrheit herauszulösen, und ihren Sinn für unsere Zeit und unsere Situation zu entdecken. Was die Wahrheit ist, ist bereits festgelegt; wir sollen nur glauben und versuchen zu verstehen. Die Aufgabe der Theologie besteht also darin, aus der Tradition heraus zu arbeiten und die Tradition weiterzugeben. Die Beibehaltung dieser autoritären Konzeption hatte ihren Grund. Man glaubte, daß der Ursprung dieser Tradition, innerhalb der und aus der heraus Gläubige und Theologen lebten und arbeiteten, Gottes Selbstoffenbarung den Menschen gegenüber war. In der Vergangenheit sprach Gott durch eine Reihe von Propheten (wie das Alte Testament berichtet) und durch Jesus Christus, in dem Gott sich der Menschheit definitiv offenbart hat. Folglich muß in dieser Tradition – insbesondere in ihrer häufig als das »Wort Gottes« zitierten biblischen Aufzeichnung – die Wahrheit über Gott und die Menschheit und über Christus enthalten sein. Die hier enthaltene Wahrheit ist keine gewöhnliche menschliche Wahrheit, die durch menschliche Erkenntnisse und menschliche Reflexion gefunden werden kann – in diesem Fall wäre sie durchsetzt von Mangel und Irrtum; sie ist vielmehr Gottes eigene Wahrheit, d. h. göttliche Wahrheit, die auf keinem anderen Wege für Frauen und Männer erreichbar ist. Ausgehend von diesen ›Gegebenheiten‹ war das Autoritätsprinzip der traditionellen christlichen Theologie durchaus mit der Vernunft nachvollziehbar; jede theologische Arbeit auf einer anderen Grundlage als der Autorität der Bibel und der Tradition wäre absurd gewesen. Somit wurde die Theologie vollkommen richtig verstanden als Darstellung und Auslegung der christlichen Lehre, wie sie in der Bibel und in den nachfolgenden christlichen Texten niedergelegt war.

Ein solches Selbstverständnis der christlichen Theologie ist m. E. nicht länger gerechtfertigt. Diese Behauptung habe ich in meinem kleinen Buch »An Essay on Theological Method«[1] ausführlich begründet und möchte sie daher hier nicht wiederholen. Dennoch will ich kurz darlegen, warum diese weitgehend auf Autorität bezogene Auslegung nicht länger haltbar ist: Sie beruht auf einer Reihe sich gegenseitig bedingender Voraussetzungen, die – einmal enträtselt – nicht mehr akzeptiert werden können. Die traditionelle theologische Arbeit setzt voraus, daß wir, noch vor Beginn unserer theologischen Nachforschungen, bereits wissen, (a) wer oder was Gott ist, (b) daß Gott sich selbst offenbart und vertrauenswürdig ist (d. h. ein Wesen, dem persönliche Attribute zugeordnet werden können), (c) daß Gott seine Gottheit in der Bibel und insbesondere durch Jesus Christus offenbart hat und (d) daß wir über die richtige Methode der Auslegung von Bibel und Tradition verfügen, die uns befähigt, deren Gehalt göttlicher Offenbarung ohne schwerwiegende Irrtümer oder Verwechslungen zu erkennen. Es ist m. E. offensichtlich, daß

[1] (Chico, California 1975; überarb. Ausgabe 1979). Siehe auch »The Theological Imagination: Constructing the Concept of God« (Philadelphia 1981), insbesondere Kapitel 1 und 10. Für eine vollständige historische Analyse und Denkkonstruktion der autoritätsbezogenen Auslegung, die die traditionelle Theologie benutzt, s. *Edward Farley*, Ecclesial Reflection, Philadelphia 1982.

jede dieser traditionellen theologischen Voraussetzungen selbst schon eine eindeutige theologische Fragestellung enthält; also nichts ist, was als erwiesen angenommen werden kann, sondern etwas, was im Laufe unserer theologischen Arbeit überprüft und begründet werden muß. Unmittelbar deutlich wird das, sobald wir diese Voraussetzungen einer korrekten Untersuchung unterziehen und folgendermaßen hinterfragen: (a) Sind wir berechtigt zu behaupten, daß wir bereits am Anfang unserer Arbeit wissen, wer oder was Gott ist, oder muß das erst im Laufe unserer theologischen Untersuchung herausgearbeitet werden? (b) Können wir als erwiesen ansehen, daß Gott eine Person ist, die sich der Menschheit als Gottheit offenbart hat? (c) Ist es angesichts der heute bekannten großen Vielfalt religiöser Standpunkte und Traditionen gerechtfertigt, einfach davon auszugehen, daß Gott sich uns vollständig und definitiv in der Bibel offenbart hat, oder bleibt diese Behauptung zu überprüfen? (d) Dürfen wir für uns beanspruchen, *die* richtige und angemessene Methode der Auslegung von Schrift und Tradition zu kennen?

Keine dieser Fragen ist leicht zu beantworten, denn jede will sorgfältig durchdacht sein. Bei einem autoritätsbezogenen Selbstverständnis der Theologie, das auf dem Glauben an eine erkennbare und göttliche Offenbarung basiert, werden jedoch sehr präzise Antworten auf alle diese Fragen vorausgesetzt. Viele der wichtigsten theologischen Fragen, mit denen wir uns heute befassen müssen, sind also für diese Auslegung von vornherein schon geklärt. Es ist verständlich, daß ein solcher modus operandi von den Christengenerationen vor uns, die ja davon ausgehen konnten, dies alles zu wissen, angewandt wurde. Doch für viele der heute lebenden, von der Weltlichkeit und dem religiösen Pluralismus der modernen Welt geprägten Menschen ist jede dieser Voraussetzungen eine schwierige Frage geworden. Die Glaubensgewißheiten der früheren Christen sind für uns Probleme geworden. Daher kann unsere theologische Arbeit nicht länger von einer Methode bestimmt werden, die von uns fordert, die endgültige Autorität und Wahrheit der Tradition als gegeben hinzunehmen. Wie sollen wir aber vorgehen, wenn wir bei unserem Versuch, uns die nukleare Krise theologisch zu erklären, die Fundamente der traditionellen christlichen Lehre von Gott und von der Menschheit nicht als Voraussetzung anerkennen können? Welche andere theologische Konzeption steht uns zur Verfügung?

Wir wollen noch einmal zurückschauen und sehen, was die Theologie in der Vergangenheit war und wie sie betrieben wurde. Dabei kommt als erstes die offensichtliche Tatsache in den Blick, daß Theologie menschliche Arbeit ist: Theologie wird zu menschlichen Zwecken von Männern und Frauen betrieben. Folglich wird theologische Arbeit immer mit menschlichen Maßstäben bewertet, die von gewöhnlichen Sterblichen angelegt werden. Die entscheidende Bedeutung dieser Tatsache ist nur selten von Theologen berücksichtigt worden. Da diese in dem Wort bzw. in den Worten Gottes selbst die Basis ihrer Arbeit sahen, huldigten sie den übermittelten Traditionsinhalten bis zu dem Grad, bei dem eine grundlegend kritische Überprüfung oder eine Neukonstruktion entsprechend dem eigenen besten Verständnis und Wissen nicht mehr möglich erschien. Diese Einstellung ist jedoch nicht länger gerechtfertigt. Wir wissen heute, daß die religiösen Glaubensüberzeugungen, Praktiken und Institutionen im Laufe der Geschichte sehr vielfältig waren, und offenbar waren diese vielen Ausdrucksweisen in weit größerem Maße, als traditionell angenommen, das Erzeugnis der Kreativität des menschlichen Geistes bei dem Versuch, einen Weg durch die immer neuen Krisen und Probleme des Lebens hindurch zu finden.

Dies betrifft die Theologie – die Reflexion von Sprache und Inhalten des Glaubens – ebenso wie jeden anderen Aspekt des religiösen Lebens oder der religiösen Praxis. Auch die Theologie steht im Dienste menschlicher Ziele und Bedürfnisse und sollte gemäß ihrer Zulänglichkeit bei der Erfüllung der Ziele, die wir Menschen ihr setzen, beurteilt werden. »Der Sabbat ist um des Menschen willen gemacht«, spricht Jesus, »und nicht der Mensch um des Sabbats willen«, (Mk 2,27). Das bedeutet, alle religiösen Inhalte, Praktiken und Institutionen – einschließlich der Gottesidee – sind zum Dienste der menschlichen Bedürfnisse und zur Förderung unserer Humanisierung (traditionell »Erlösung« genannt) geschaffen worden und nicht die Menschheit um religiöser Sitten und Inhalte willen. So betrachtet ist es kaum verwunderlich, daß religiöse Autoren, Propheten und Theologen einerseits die Tradition hoch in Ehren hielten und andererseits häufig auch Kritik daran übten, wie sie verstanden und ausgelegt wurde, und dann aufgrund ihres eigenen Erkennens und Verstehens neue Konzeptionen als Antwort auf neue Bedürfnisse gefordert haben.

Theologie erschöpfte sich niemals im Übersetzen und Überliefern der Tradition. Daß die Arbeit des Theologen immer auch eine neue, schöpferische Vorstellungstätigkeit war, wird jedes Studium der Geschichte theologischer Inhalte beweisen, ganz gleich, ob man die vermeintlich autoritative biblische Periode oder die vielfältigen späteren Entwicklungen der christlichen Geschichte betrachtet. Theologen haben (ebenso wie andere religiöse Denker) die ererbten Gottesideen stets aufs neue überprüft, indem sie sie kritisch beleuchteten hinsichtlich ihrer Funktion für das menschliche Leben und sie neu konstruierten, um sie ihrem Dienst als Träger der Humanisierung besser anzupassen; dieser Tatsache in ihrer ganzen Bedeutung voll Rechnung zu tragen, ist außerordentlich wichtig bei unserem Versuch zu definieren, was Theologie heute sein kann und soll. Theologie ist nicht bloß eine Wiederholung und Übersetzung der Tradition; sie ist (und war immer) eine schöpferische Tätigkeit des menschlichen Vorstellungsvermögens bei der Suche nach einer angemesseneren Orientierung im menschlichen Leben.

Diese nochmalige Betrachtung von Wesen und Funktion der Theologie öffnet uns einen völlig neuen Blickwinkel für ihre Aufgaben in der nuklearen Krise der Gegenwart. Theologen sollten nicht die Analyse unserer neuen Situation – in der Hoffnung, eine ›Anwendungsmöglichkeit‹ der traditionellen christlichen Erkenntnisse auf unsere Probleme zu finden – auf die Grundforderungen des christlichen Glaubens beschränken. Eine solche Vorgehensweise unterstellt zu voreilig, daß Theologie innerhalb der von der Tradition gesteckten Definitionen und Grenzen stattfinden muß, daß die grundlegenden Konzeptionen ihrer Arbeit vorgegeben sind und nichts wirklich Neues und Kreatives erwartet werden kann. Dieser Standpunkt setzt voraus, daß die Zukunft fast vollständig eingegrenzt ist, bereits abgesteckt und bewältigt durch die Vorgaben der Vergangenheit, die uns durch die Tradition bereitgestellt wurden. Genau genommen ist dies die Absage an jede Hoffnung auf etwas wirklich Neues oder Revolutionäres in der weiteren Entfaltung der Geschichte. Ich habe bereits im ersten Kapitel ausgeführt, daß und warum eine solche Theologie nicht dazu geeignet ist, mit unserer heutigen völlig neuartigen Situation zurechtzukommen, die aufgrund der modernen Entwicklung der nuklearen Macht entstanden ist. Wenn wir aber Theologie verstehen als die kreative Vorstellungstätigkeit des menschlichen Geistes bei seiner Suche nach Orientierung angesichts neuer geschichtlicher Unvorhersehbarkeiten und Probleme, dann stellt die Neuheit unserer Situation viel eher eine Herausforderung dar, der wir begegnen müssen, als eine Schwierigkeit, die wir verleugnen, übersehen oder ignorieren können.

Wie kann Theologie uns angesichts der nuklearen Bedrohung der gesamten Menschheit Halt und Orientierung geben? Das religiöse Denken arbeitet immer mit den großen Symbolen, die von einer bestimmten historischen Gemeinschaft oder Zivilisation mit Sinn und Bedeutung gefüllt wurden, als diese versuchte das Leben zu verstehen und ihm durch Sitten, Praktiken und Institutionen eine gewisse Ordnung zu verleihen. Die christliche Weltanschauung wurde von zwei Hauptsymbolen getragen und bestimmt: *Gott* und *Jesus Christus*. Diese lieferten die Quellen der Sinngebung, aus denen geschöpft wurde, um alle menschliche Existenz zu verstehen und ihr eine Grundordnung und Bedeutung zu verleihen. Die anderen Begriffe des christlichen Wortschatzes – Sünde, Erlösung, Kirche, Sakramente, Dreieinigkeit, Evangelium u. ä. – dienten dazu, das Gesamtgefüge von Erkenntnissen und Folgerungen zu gestalten, das uns durch diese Grundsymbole des Christentums zugänglich gemacht wurde. Man sollte aber nicht meinen, diese Entwicklung sei einseitig gewesen; Gott und Christus seien unversiegbare Symbolquellen gewesen, die ihren Sinn über all die anderen Konzepte und Symbole ergossen, die das Gemeinschaftsleben strukturierten und der Existenz ihre Bedeutung gaben. Im Gegenteil, jede Schaffung und Verwendung von Begriffen wie »Sünde«, »Glauben«, »Sohn Gottes« und »Dreieinigkeit« hat selbst dazu beigetragen, das Leben, seine Möglichkeiten und Probleme aus der christlichen Perspektive zu verstehen; dabei differenzierten, vertieften und verwandelten diese Begriffe in vieler Hinsicht die Sinninhalte von Gott und Christus in der Frömmigkeit und im Leben der Frauen und Männer. Obwohl die beiden Hauptsymbole die Grundpfeiler des christlichen Sinngefüges blieben, die Angelpunkte zum Verstehen von allem Übrigen, entwickelte und vertiefte sich ihr eigener Sinngehalt im Zuge der Herausformung der anderen Bilder und Begriffe des Christentums und im Zuge der Entstehung neuer Lebenssituationen und Probleme, die neue Anforderungen stellten. Es verwundert daher kaum, daß zwar praktisch alle Christen Loyalität und Verpflichtung letztendlich gegenüber Gott und Christus empfanden, sie diese jedoch auf sehr unterschiedliche – ja widersprüchliche – Weise verstanden, je nach dem speziellen konkreten Inhalt, mit dem sie diese und andere christliche Symbole füllten.

Eine christliche Theologie der Gegenwart, konzipiert als Konstruktion des Vorstellungsvermögens (imaginative construction), wie ich sie hier anrege, wird weiter mit diesen beiden Grundsymbolen »Gott« und »Christus« arbeiten; denn nur diese kennzeichnen Reflexionen dieser Art als *Theo*logie (d. h. Worte oder Gedanken über Gott) und als *christ*lich. Die christliche Theologie ist der Versuch, eine Lebens- und Weltanschauung mit Hilfe der Sinninhalte der grundlegenden Symbole zu erarbeiten. Hierbei werden natürlich auch die Deutungen dieser Symbole in der Vergangenheit sehr stark miteinbezogen, und daher muß die Theologie in ihrem engen Zusammenhang mit den diversen, in der christlichen Geschichte gewachsenen Traditionen sowie mit deren theologischen Definitionen und Ergebnissen gesehen werden. Aber diese früheren Versuche, die Quellen christlicher Symbolik zu erforschen und zu definieren, sollten weder als verpflichtend aufgefaßt werden, noch die Arbeit des Theologen sonstwie grundlegend einschränken. Den Formulierungen und Konzeptionen der Vergangenheit einen in diesem Maße normativen Status für die Gegenwart und die Zukunft einzuräumen, hieße einem Götzen zu dienen: Wir müssen selbst die volle Verantwortung für unsere Definitionen, für unsere Auslegungen und für unsere Schlußfolgerungen übernehmen; und das wird uns möglicherweise – in Anbetracht der radikalen Neuheit unserer heutigen geschichtlichen Lage – zu einem Verständnis und einer Auslegung unserer beiden Grundsymbole, Gott und Christus, führen, die in wesentlichen Punkten von den herrschenden traditionellen Anschauungen abweichen. Neuformulierungen dieser Art sind allerdings nur zu rechtfertigen, wenn die Aufgabe, diese Symbole im Hinblick auf die Unvorhersehbarkeiten unserer Gegenwart zu analysieren, kritisch zu untersuchen und neu zu konstruieren, mit Ernsthaftigkeit wahrgenommen wird. Im folgenden möchte ich dieses Konzept der christlichen Theologie als Konstruktion des Vorstellungsvermögens in drei Thesen zusammenfassen.

These I

Die eigentliche Aufgabe der christlichen Theologie ist die *Analyse*, die *kritische Untersuchung* und die *Neukonstruktion* der zwei Grundsymbole des christlichen Glaubens: *Gott* und *Christus*.

Erläuterung: Aus dieser These ergeben sich eine Reihe von Folgerungen, die deutlich werden sollten. Vor allem schließt sie bestimmte traditionelle Verständnisweisen der Theologie aus. Diese These besagt in erster Linie, daß Theologie weder vorrangig noch hauptsächlich als Dar- oder Auslegung der verschiedenen Glaubensbekenntnisse der Kirche oder der biblischen Ideen verstanden werden darf. Zwar sind beide, die Bibel und die Glaubensbekenntnisse, relevant und wichtig, um die/den Vorstellung/Begriff (image/concept) von Gott und Christus zu verstehen und um zu beurteilen, welcher Gebrauch und welche Fassung dieser Symbole richtig sind, welche unrichtig; jedoch ist es ihre Verwendbarkeit zur Annäherung an die Begriffe Gott und Christus, die der Bibel und den Glaubensbekenntnissen ihre Wichtigkeit geben und nicht umgekehrt. Gott und Christus stehen im Mittelpunkt unseres Interesses, sie sind der Kern unseres Anliegens; die Bibel und die Glaubensbekenntnisse sind ihm untergeordnet und ergeben sich aus ihm.

Andere Ansprüche, die zuweilen an die Theologie gestellt werden, finden entsprechende Antworten in unserer ersten These.

Es wird beispielsweise häufig die Auffassung vertreten, die christliche Theologie sei primär eine Darlegung christlicher Lehren oder Dogmen – als seien diese Lehren und Dogmen Gegebenheiten, die der Theologe akzeptieren muß und anschließend nur noch erläutern oder auslegen soll. Aber unserer These zufolge ist dies der falsche Ansatz. Die einzigen Gegebenheiten (und das sind, wie wir sehen werden, sehr eigentümliche ›Gegebenheiten‹), mit denen der Theologe arbeitet, sind nämlich die Vorstellungen/Begriffe von Gott und Christus, wie sie sich in der Geschichte entwickelt haben: Alle Lehren und Dogmen sind Versuche, den Sinngehalt dieser Symbole auszudrücken und auszulegen und erlangen in dem Maße Bedeutung, in dem sie dabei erfolgreich sind.

Es wird manchmal behauptet, die Theologie sei primär Anthropologie, eine Auslegung der menschlichen Natur; dann wird ihr die Entwicklung einer Konzeption der menschlichen Existenz zur Hauptaufgabe gestellt. Dies ist ein viel umfassenderer Anspruch. Obwohl wir den Sinngehalt und die Verwendbarkeit unserer beiden Grundsymbole nicht werden erkennen können, ohne gleichzeitig bestimmte Merkmale der menschlichen Existenz zu interpretieren und obwohl die verschiedenen Auslegungen der conditio humana und die verschiedenen Betrachtungsweisen der menschlichen Natur unterschiedliche Folgerungen für unser Gottes- oder Christusverständnis nach sich ziehen, besteht die besondere Aufgabe christlicher Theologie – nämlich die, die sie von anderen Disziplinen unterscheidet – nicht im Ausarbeiten eines Verständnisses des Menschen; sie besteht vielmehr darin, (a) das höchste Zentrum, dem wir Menschen dienen und das wir verehren, Gott, sowie (b) das geschichtliche Bild- und Metapherngefüge, in dem die christliche Konzeption von Gott und vom Menschen konkretisiert und definiert wird, nämlich Christus, zu verstehen und auszulegen.

Von dem hier erläuterten Standpunkt aus wird jede Theologie – sei sie christlich oder nicht – in erster Linie als Tätigkeit des Vorstellungsvermögens gesehen. Dies kann von zwei Seiten aus betrachtet werden. Auf der einen Seite können wir durch die genauere Untersuchung dessen, was die/der Gottesvorstellung/-begriff bedeutet hat – wie sie verstanden wurden, welche Funktionen sie im menschlichen Leben vom Alten Israel bis hin zur Gegenwart hatten, wie die Auslegungen und die historischen Erinnerungen an Jesus von Nazareth damit verknüpft und darin eingebettet wurden –, erkennen, daß die einzige menschliche Fähigkeit, die ein Gottessymbol formen konnte und dieses weiter in unserem Bewußtsein aufrechterhält, das Vorstellungsvermögen ist. Auf der anderen Seite können wir, wenn wir uns klarmachen, daß eine der wichtigsten Funktionen des Vorstellungsvermögens darin besteht, die menschliche Existenz mit Bildern der Welt auszustatten – mit Bildern des Kontextes, in dem menschliches Leben gelebt wird und in dem die menschliche Existenz folglich auch verstanden werden muß –, erkennen, daß alles christliche Reden von Gott und alle damit verbundenen Assoziationen (Gebet, Gottesdienst, Meditation, Reue, Gehorsam) einer speziellen Weltanschauung angehören, einer speziellen Auslegung der menschlichen Existenz, die in einer besonderen geschichtlichen Strömung menschlicher Kultur von dem Vorstellungsvermögen geschaffen wurde, um jenen, die in dieser Kultur lebten, eine Lebensorientierung zu geben. In anderen kulturellen Strömungen hat die Vorstellungskraft andere große Weltbilder hervorgebracht, und das Leben, das sich an diesen Vorstellungen orientierte, hat sich anders entwickelt. Die Vorstellungen/Begriffe von Gott und Christus und von der menschlichen Existenz ›unter Gott‹ oder ›in Christus‹, gehören also in einen der vielen verschiedenen Orientierungsrahmen des menschlichen Lebens, die das Vorstellungsvermögen im Laufe der Geschichte geschaffen hat.

Im folgenden möchte ich diese beiden Punkte in zwei weiteren Thesen genauer ausarbeiten. Zuerst erfolgt eine kurze Betrachtung von bestimmten Eigentümlichkeiten der/des Vorstellung/ Begriffes »Gott«, deren Analyse und Erläuterung die Aufgabe der Theologie sind: der christlichen, jüdischen, moslemischen, humanistischen und jeder anderen. Daran schließt sich eine These über die Theologie selbst als konstruktive Tätigkeit des Vorstellungsvermögens an.

THESE II

Die/der Gottesvorstellung/-begriff, ein menschliches Konstrukt
wie alle anderen Begriffe und Vorstellungen, setzt sich heute wie
früher immer aus bestimmten Metaphern, Bildern oder Modellen zusammen, die aus der täglichen Erfahrung oder aus der Geschichte herausgelöst und dahingehend extrapoliert oder entwik-
kelt werden, daß sie als der *letztgültige Bezugspunkt* (ultimate
point of reference) zum Verstehen und Einordnen aller Erfahrungen, allen Lebens und der Welt dienen können.

Erläuterung: Diese zweite These enthält zwei Aussagen. Erstens: Als »Gott« bezeichnen wir dasjenige, was man den ›letztgültigen Bezugspunkt‹ nennen könnte; dasjenige, in dessen Begriffen alles andere verstanden werden muß; dasjenige, worüber
hinaus keine Vorstellung mehr möglich ist, kein Denken, keine
Verehrung. Genau so wurde Gott häufig, sowohl traditionell als
auch in unserer jüngeren Vergangenheit charakterisiert. Gott als
den ›Schöpfer aller sichtbaren und unsichtbaren Dinge‹ zu betrachten bedeutet, daß alles, was existiert, seinen Ursprung in
Gottes Kraft hat und nur in bezug auf Gottes damit verknüpfte
Absichten richtig verstanden werden kann. Gott als den ›Herrn‹
der Geschichte und Natur zu erdenken, bedeutet zu verstehen,
daß alles, was geschieht, seine letztendliche Erklärung in Gottes
Plan und Tun findet, daß Gottes souveräner Wille die gesamte
Bewegung der Natur und der Geschichte begleitet und daß der
wahre Sinn dieser Bewegung infolgedessen ohne Bezugnahme
auf Gottes Handeln nicht erfaßt werden kann. Von Gott als ›Al-
pha‹ und ›Omega‹ zu sprechen, bedeutet, ausdrücklich zu erklären, daß Gott alles übrige definiert oder einschließt und daß es
keinen Weg gibt, um jenseits von Gott auf etwas Endgültigeres
oder Bedeutenderes zu stoßen. Sich auf Gott zu beziehen als
›Woher‹ unseres *Gefühls schlechthinniger Abhängigkeit* (Schlei-
ermacher), als *absoluten Geist* (Hegel) oder als *Grund des Seins*
(Tillich), entspricht ähnlichen Aussagen, die von leicht abwei-
chenden metaphysischen Festlegungen ausgehen. Als ›Gott‹ bezeichnen wir also den letztgültigen Bezugspunkt für alles Verstehen; als ›Gott‹ bezeichnen wir das für menschliches Leben letztgültige Objekt der Verehrung.

Genau diese Letztgültigkeit – sei sie nun mythisch oder metaphysisch ausgelegt – unterscheidet Gott von allen Götzen und Abgöttern; nur durch diese Letztgültigkeit kann Gott als verehrungswürdiges Objekt wirken, als Realität, der sich das Individuum und die Gemeinschaft in schrankenloser Frömmigkeit regelrecht hinzugeben vermögen. Sich selbst in Verehrung und Frömmigkeit einem Geringeren als dem ›letztgültigen Bezugspunkt‹ – einem Geringeren als Gott – hinzugeben, würde bedeuten, irgendeiner endlichen Realität zu verfallen, dabei möglicherweise sein Selbst zu verlieren und die wahre menschliche Erfüllung (nämlich die Erlösung) unmöglich zu machen. Als ›Gott‹ bezeichnen wir also diejenige Realität, die, wie auch immer sie aussehen mag, uns von der götzendienenden Versklavung, der wir fortwährend verfallen, befreit und das menschliche Leben zu seiner vollständigen Verwirklichung führt. Aber nur kraft seiner Eigenschaft als ›letztgültiger Bezugspunkt‹ kann Gott uns in diesem Maße von allen Götzen befreien.

Wenn Gott diese Art von Letztgültigkeit hat – wenn Gott auf diese Weise über allem Endlichen steht und direkt mit keiner unserer realen Erfahrungen dieser Welt identifiziert werden kann –, dann ist Gott absolut einmalig und kann durch unsere gewöhnlichen Begriffe oder Vorstellungen niemals begriffen oder verstanden werden. Dies ist die zweite Aussage der These II. Alle Begriffe und Vorstellungen, mit denen wir versuchen, Gott zu denken und Gott zu verstehen, sind bestenfalls Analogien oder Metaphern, Symbole oder Modelle, die aus menschlicher Erfahrung und Geschichte erwachsen sind; sie sind daher niemals buchstäblich anwendbar. Die Gottesvorstellung fügt sich in unserem Geiste zusammen durch das Abwägen einer Metapher gegen eine andere, durch die kritische Überprüfung und Bewertung dieser Vorstellung im Vergleich zu jener, durch die sorgfältige Auswahl endlicher Modelle, die uns helfen sollen, irgendein Gefühl zu bekommen für das über und jenseits von allem Endlichen Liegende, für das, was direkt mit nichts Endlichem identifiziert werden kann. Unsere Gottesvorstellung wird also – als ›letztgültiger Bezugspunkt‹, den wir zu fassen versuchen – niemals in irgendeiner besonderen Form oder Vorstellung vollendet oder festgelegt sein; sie wird immer alle unsere Definitionen überschreiten. Als das »Wesen, dem gegenüber kein größeres gedacht werden kann« (um Anselms Formulierung zu benutzen), befindet sich Gott jenseits aller unserer endlichen Konzeptionen.

These II impliziert, daß der Begriff, den man sich von Gott macht, wesentlich von den Modellen und Metaphern abhängt, die man benutzt. Beispielsweise wird ein Gott, begriffen in der Metapher der schöpferischen Schaffenskraft, ein ganz anderer sein als ein Gott, begriffen in seiner gewaltsamen Zerstörungskraft; ein Gott, begriffen in den Bildern liebender Freundlichkeit und gnädiger Vergebung wird sich stark von dem Gott unterscheiden, der begriffen wird als unpersönlicher Prozeß oder abstrakte Einheit; ein Gott, begriffen als tatsächlich offenbart in Jesus Christus, wird eine ganz andere Bestimmtheit und Konkretheit besitzen, als der Gott, der überall und in allem – also an keinem bestimmten Ort – gesehen wird. Außer diesen gibt es noch viele andere Gottesbegriffe; was die einen von den anderen unterscheidet, sind die konkreten Modelle und Vostellungen, aus denen sie sich zusammenfügen. Eine zentrale Aufgabe der Theologie ist das Erkennen der verschiedenen Metaphern, Vorstellungen und Modelle, die benutzt werden können, um dieses Symbol zu fassen, und das Entwickeln von Kriterien für ihre Auswahl. Eine Theologie, die danach strebt, speziell christlich zu sein, muß die für das Christentum kennzeichnenden Vorstellungen und Konzeptionen ausfindig machen und ermitteln, welche besondere Bedeutung sie haben könnten. In den letzten beiden Kapiteln werde ich aus diesem Zusammenhang einiges wieder aufgreifen. Nun gehe ich aber zur These III über.

THESE III

Jede Theologie ist in ihrem Versuch, die/den Vorstellung/Begriff von Gott zu analysieren, kritisch zu untersuchen und neu zu konstruieren, Ausdruck der kontinuierlichen Tätigkeit des menschlichen Vorstellungsvermögens, das versucht, einen Interpretationsrahmen als allgemeingültige Orientierung für das menschliche Leben zu schaffen; *Theologie ist somit im wesentlichen eine Konstruktion des Vorstellungsvermögens.*

Erläuterung: Ein allgemeingültiger Interpretationsrahmen, der der Existenz einen Sinn verleiht, ist unerläßlich für die Menschen. Ohne irgendeine Konzeption oder Vision des Zusammenhanges, in dem wir leben und uns bewegen, ohne irgendein Verständnis von unserem eigenen Platz und unserer Rolle innerhalb dieses Zusammenhanges können wir weder unserem Leben eine Orientierung geben noch handeln. Nur durch die Macht der Vorstellungsgabe, unsere episodischen und stückhaften Erfahrungen zu einen, zu ordnen und in einer großen Vision zu synthetisieren, sind wir fähig, Versuche zu unternehmen, das *Ganze*, in welches das menschliche Leben eingebettet ist, zu begreifen, zu verstehen und zu deuten. An den vielen weit auseinander liegenden Orten, wo die Menschen im Laufe der Geschichte große Zivilisationen schufen, entwickelten sich dadurch, daß das Vorstellungsvermögen in den jeweiligen großen Kulturen und religiösen Traditionen immer stärker auseinanderstrebende Anschauungen hervorbrachte und in die Wirklichkeit umsetzte, sehr unterschiedliche Vorstellungen von der Welt und von dem Platz, den der Mensch in ihr einnimmt.

Eine der Weltanschauungen, die das Vorstellungsvermögen schuf, um dem menschlichen Leben eine Orientierung zu geben, war die theistische Sichtweise, die insbesondere im Alten Israel entwickelt wurde. Politische und personale Metaphern waren die Grundsteine beim Aufbau einer Konzeption der Welt und des Menschen. Die letztgültige Realität, die hinter allem stand, war der Schöpfer-Gott, ein ›König‹, der die Welt erschaffen hatte und sie nun als ›Königreich‹ regierte. Man sah die Welt unter dem geistigen Befehl von Gottes souveränem Willen und durch irdische Mittler (Könige, Propheten oder Priester) regiert, die den göttlichen Willen kannten und ihn auszuführen suchten. Im Rahmen dieses Bildes sollte das menschliche Leben als Antwort auf die sorgende Liebe des gerechten, barmherzigen und allmächtigen Gottes geführt werden; auf die fundamentale Realität, die jede andere Realität untermauert und überschreitet; und in dieser Beziehung findet das Leben seine richtige Orientierung und seinen eigentlichen Sinn.

Die Vorstellungen und Begriffe der christlichen Theologie gehen zurück auf diese frühe mythopoetische Aktivität, bei der ein

Weltbild entstand, in dem alles Leben von Gott, dem Schöpfer und König, abstammt und gelenkt wird. Es war also zuallererst diese frühe konstruktive Tätigkeit des menschlichen Vorstellungsvermögens, die die theologischen Grundvorstellungen und -begriffe hervorbrachte. Diese ursprüngliche mythische Vision wurde im Laufe der Jahrhunderte durch prophetische Kritik und Erkenntnis in Israel und (für den christlichen Glauben) unter dem starken Einfluß des Lebens und Sterbens Jesu von Nazareth durch die nachfolgenden Interpretationen ihrer Bedeutung weiterentwickelt und geformt, konstruiert und neukonstruiert. Als diese theistische Weltanschauung mit der griechischen Kultur zusammentraf, wurde das Denken philosophisch selbstbewußt und kritisch und wandte sich immer stärker Problemen der konzeptuellen Analyse und der systematisch-konzeptuellen Konstruktion zu; es benutzte jedoch weiterhin Vorstellungen, Konzepte und Metaphern aus seinen mythischen Ursprüngen.

Wenngleich die konstruktive Tätigkeit des Vorstellungsvermögens auf diese Weise immer Bestandteil der theologischen Arbeit war, wurde diese bis vor kurzem selten von Theologen so verstanden. Sie sahen sich selbst nämlich weitgehend in der Rolle derer, die versuchen, mit menschlichen Worten und Begriffen das auszudrücken, was der göttliche König geplant und autoritativ der Kirche und Synagoge offenbart hat. Die Tatsache, daß die Arbeit der Theologen von ihrer Beschaffenheit her vollkommen imaginativ und konstruktiv war, wurde einfach nicht erkannt. Heute aber sind wir mit Hilfe der Theorien über Weltanschauungen und konzeptuelle Rahmen sowie über das Vorstellungsvermögen in der Lage, unsere religiöse und theologische Sprache in ihrer Funktion für den Menschen und in ihrer logischen Stellung besser zu verstehen; es ist heute für uns an der Zeit, das theologische Unterfangen – wie ich es hier anrege – neu zu entwerfen als ausdrückliche und vorwiegende Konstruktion der Vorstellungskraft. Erst wenn wir das tun, wird die theologische Arbeit als wirklich kritische und selbstbewußte konstruktive Tätigkeit weitergeführt werden können, wie es zuvor niemals möglich war.

Eine solche Konzeption von Theologie gibt uns die Möglichkeit, die grundlegende Neuheit der geschichtlichen Situation, in die

die Entdeckung und die massenhafte Entwicklung von Atomwaffen die Menschheit geführt hat, ganz klar zu erkennen. Unsere theologische Arbeit darf in keiner Beziehung eingeengt werden von den Grenzen der früheren Auslegungen der christlichen Symbole, in denen dieses schreckenerregende Anwachsen des menschlichen Zerstörungspotentials nicht vorausgesehen werden konnte. Alle diese früheren Interpretationen der christlichen Symbole (auch die der Schrift) wurden, wie wir jetzt sehen können, in und durch die Tätigkeit der Vorstellungskraft von Frauen und Männern früherer Generationen entwickelt, in dem Versuch, eine Lösung für die Probleme ihres Lebens und ihrer Welt zu finden. Sie sind zwar wichtig und notwendig für den Einblick in den Sinn und die Tiefe der Symbole, für uns jedoch in keiner Weise verpflichtend. Obgleich unsere Welt in vieler Hinsicht die Fortsetzung der Welt früherer Generationen ist, ist sie auch eine sehr verschiedene, beispielsweise in der großen Verbreitung des menschlichen technologischen Wissens und in der Macht, die am klarsten symbolisiert wird durch die Möglichkeit einer nuklearen Katastrophe. Hier in dieser Welt leben wir, und wir brauchen eine Orientierung angesichts dieser beängstigenden Probleme. Aus diesem Grunde sollte es nicht überraschen, wenn wir eine Verwendung und ein Verständnis der zentralen christlichen Symbole finden, die sich in bedeutenden Aspekten von denen unterscheiden, die traditionell als autoritativ und wahr von den Christen anerkannt wurden; und genau das sollte auch angestrebt werden.

Man könnte die endgültige Lebensfähigkeit und damit schließlich die Wahrheit der christlichen Symbole – oder jedes anderen symbolischen Orientierungsrahmens im menschlichen Leben – am besten an ihrer Fähigkeit messen, uns in der heutigen Situation Erkenntnis und Führung zu bieten; in einer Situation, die die Menschheit in äußerst paradoxer aber auch entscheidender Weise an ihre eigenen Grenzen geführt hat: Das Erlangen der vollständigen Macht ist die Macht sich selbst auszurotten. Wenn diese Symbole das gegenwärtige christliche Vorstellungsvermögen nähren können, so daß sie uns unsere verzweifelte Situation wahrhaft erkennen und verstehen lassen, und wenn das christliche Vorstellungsvermögen beim Eindringen in die Tiefen und beim Neuentwerfen dieser Symbole frei und kreativ genug ist, um diese tatsächlich fast undurchsichtigen Wesenszüge unseres heutigen Lebens erleuchten zu können, dann wird der christliche Glaube weiter in bedeutendem Maße ›erlösend‹ (um den traditionellen Ausdruck zu verwenden) auf die Frauen und Männer der Gegenwart wirken. In den letzten beiden Kapiteln werde ich einige Anregungen für die theologische Neukonzeption der Symbole Gott und Christus geben, die mir nun erforderlich erscheint.

III. Für eine Neukonzeption Gottes

In unserer Zeit ist ein Umdenken unbedingt notwendig. Das wird an verschiedenen Aspekten der vielen Kulturkrisen deutlich, vor denen wir heute stehen. Z. B. erkennen wir jetzt, was früheren Generationen offenbar nicht bewußt wurde: daß die Ressourcen der Erde durchaus beschränkt sind und daß menschliches Leben, wie wir es kennen, nur fortbestehen kann, wenn wir sofort beginnen, unsere Energie-, Wasser- und Rohstoffvorräte sowie unser Ackerland zu schützen und zu erhalten. Wir sind dabei, uns selbst mit den verschiedensten Methoden zu vergiften. Die Luft, insbesondere die unserer Städte, ist verschmutzt und wird zum Atmen gefährlich; in vielen unserer Flüsse und Seen können keine Fische mehr leben; die Nahrung, die wir zu uns nehmen, enthält offensichtlich krebserregende Substanzen; saurer Regen fällt auf unsere Wälder und zerstört die Bäume. Fest steht, daß wir es uns heute nicht mehr leisten können, nur in den Begriffen unserer unmittelbaren kurzfristigen Bedürfnisse zu denken, weder als Individuen noch als Gesellschaften. Wenn wir die langfristigen Folgen unseres Tuns unberücksichtigt lassen, wird die ökologische Krise, in der wir heute stecken, nicht wiedergutzumachende Ausmaße erreichen.

Ein Umdenken ist auch politisch erforderlich. Es ist heutzutage für einen Nationalstaat nicht mehr möglich, aber auch unpassend, seine Hauptaufgabe im Schützen, Wahren und Steigern des Lebensstandards seines Volkes zu sehen. Diese Aufgabe machte die Politik sich bisher aber immer zur ersten Pflicht, deren moderne Ausdrucksform das Dogma der einzelstaatlichen Souveränität ist. Dieser Einstellung zufolge wird staatliche Entschlossenheit am besten unter Beweis gestellt durch die Fähigkeit, einen drohenden Feind zu schlagen, um sich selbst zu schützen. In unserer heutigen Situation darf aber die äußerste Verteidigungsmethode nicht mehr die Zerstörung des Feindes sein. Dennoch beteiligen wir uns weiter am Rüstungswettlauf; und das Rechnen mit der nuklearen Katastrophe symbolisiert drastisch die Möglichkeit – sogar die Wahrscheinlichkeit –, daß wir mittels unserer enormen technologischen Macht die menschliche Geschichte tatsächlich zu ihrem Abschluß bringen. Es ist offenkundig, daß wir, bevor es zu spät ist, lernen müssen, eine Politik der Entspannung – des Friedens und der Interdependenz – zu entwickeln, die an die Stelle der Selbstschutzpolitik und der einzelstaatlichen Souveränität treten muß. Aber bisher weiß niemand, wie wirksame Schritte in diese Richtung unternommen werden können.

In diesem Zusammenhang war die religiöse Symbolik des Westens in der Vergangenheit eher ein Hindernis als eine Hilfe. Ein Teil unserer ökologischen Blindheit ist auf sie zurückzuführen; und für das Vorantreiben und die Rechtfertigung engstirniger politischer Ziele läßt sie sich allzu leicht mißbrauchen. Da wird z. B. die Auseinandersetzung zwischen der UdSSR und den europäisch-amerikanischen Alliierten regelmäßig – und die Mehrheit von uns oder wenigstens die Hälfte glaubt es – als ein Kampf im Namen Gottes dargestellt, in dem jedes Mittel legitim ist, das uns selbst schützt, wenn es sein muß auch die Vernichtung des Feindes. Zur Legitimation der Ziele unserer eigenen Politik haben wir eine religiöse und kosmische Rechtfertigung griffbereit, die bei Bedarf heraufbeschworen wird. Sie gibt uns für die große Schlacht Mut und Entschlossenheit, weil wir auf Gottes Allmacht vertrauen, also darauf, daß Gott diese Welt lenkt und uns sicher zum Sieg führen wird, wie dämonisch oder machtvoll auch immer die Kräfte des Gegners sein mögen. Daher können wir darauf vertrauen, daß – ganz gleich wie wir selbst zu handeln gezwungen sind – alles gut ausgehen wird. Denn »wir wissen aber«, wie Paulus sagt, »daß denen, die Gott lieben, alle Dinge zum Besten dienen, denen, die nach seinem Ratschluß berufen sind« (Röm 8,28). Religiöse Überzeugungen dieser Art haben ihren Ursprung in der Bibel und gaben vielen Generationen von Christen und Juden, die ihre Lebensweise in hoffnungslosen Kämpfen gegen die Bedrohung mächtiger Feinde verteidigten, Mut und Zuversicht. Zur Unterstützung der eigenen Sache, der eigenen Lebensweise beschworen, gehören die Macht, die Treue und die Herrlichkeit Gottes zu den stärksten Motivationen, die die Menschen kennen. Das Vertrauen darauf war eine wichtige – wenn nicht die wichtigste – Grundlage für den Glauben; jedenfalls für den, der in den Psalmen besungen wird:

Gott ist unsere Zuversicht und Stärke
Eine Hilfe in den großen Nöten,
Die uns getroffen haben.
Darum fürchten wir uns nicht, wenngleich
Die Welt unterginge
Und die Berge mitten ins Meer sänken...
Die Heiden müssen verzagen
Und die Königreiche fallen,
Das Erdreich muß vergehen,
Wenn er sich hören läßt.
Der Herr Zebaoth ist mit uns,
Der Gott Jakobs ist unser Schutz.
(Psalm 46,1–2. 7–8)

Unabhängig davon, wie diese Symbolik in der Vergangenheit gerechtfertigt wurde, ist ihr Gebrauch heute – angesichts der
Größe technologischer Macht, die die Menschen in Händen halten – zu riskant geworden. Große Übel oder Fehler in der Vergangenheit wurden von einer solchen Symbolik getragen und legitimiert: der westliche Imperialismus und Kolonialismus, die
Sklaverei, die unbeschränkte Ausbeutung der Ressourcen unserer Erde, der Rassismus und Sexismus, die Verfolgung derer, die
für Ketzer oder Gottlose gehalten wurden, sogar versuchte Völ-
kermorde. Wir sind an einem Wendepunkt angelangt, an dem
solche ›Mißverständnisse‹ oder ›Irrtümer‹ (als die wir sie mit
späterer Einsicht betrachten könnten) nicht länger geduldet werden können. Wir müssen unsere religiöse Symbolik kritisch untersuchen und versuchen, sie so neu zu konstruieren, daß sie mit
größerer Wahrscheinlichkeit – soweit wir das überhaupt voraussehen können – positiv auf die menschlichen Verhältnisse wirkt.
Wenn das Symbol ›Gott‹ überhaupt weiterverwendet werden
kann, dann nur – anders als von den meisten Christen bislang zu-
gestanden – in einer wohlüberlegten begrenzten Form.
Wie sollen wir diese Neukonstruktion vornehmen? Welche
Richtung sollen wir einschlagen, wenn wir unser Gottesverständnis nicht mehr nur auf der Basis der traditionellen – insbesondere biblischen – Bilder und Konzepte entwickeln wollen? In
Kapitel II habe ich eine Theologie skizziert, die vorrangig als
konstruktive Vorstellungstätigkeit und weniger als Berufung auf

und Interpretation von autoritativer Tradition verstanden wird. Was das in bezug auf das Symbol ›Gott‹ bedeuten könnte, möchte ich nun kurz darlegen.

Wir beginnen mit dem Symbol ›Gott‹, weil mit ihm immer der letztgültige Bezugspunkt des christlichen Glaubens bezeichnet wurde, der Ursprung aller Dinge, einschließlich Christi, der von Gott kam (Joh 8,42), und das Ziel zu dem alle Dinge zuletzt zurückkehren. »Denn von ihm und durch ihn und zu ihm sind alle Dinge« (Röm 11,36), wie Paulus sagte. Gott ist demnach für den christlichen Glauben das oberste Prinzip oder die endgültige Realität, und alles übrige ist in seiner Relation zu Gott zu verstehen.

Gerade weil Gott diese Bedeutung zuerkannt wird, ist es wichtig, daß wir am Anfang unserer theologischen Konstruktionsarbeit unseren Gottesbegriff so formal wie möglich belassen. Es sind nämlich die bei religiöser Verehrung und religiösem Dienst mit diesem ›letztgültigen Bezugspunkt‹ verknüpften konkreten Bilder und Metaphern, die ihm seinen spezifischen Inhalt und seine Bedeutung geben und ihn damit tatsächlich zur leitenden Instanz und Orientierung bei Entscheidungen und Handlungen im Alltag machen; und diese werden wir daher sorgsam auswählen müssen.

Wenn wir uns Gott vorstellen als ›unseren Vater im Himmel‹, als ›Herrn Zebaoth‹ oder als ›König der Könige‹, erleben wir uns Gott gegenüber in einer untergeordneten Position, wir müssen ihn respektieren und Gehorsam üben gegen diese dominante männliche Figur von großer Autorität und Macht; einer, der Absichten und Pläne verfolgt, die ›er‹ ausführt, einer, der Befehle erteilt, die wir befolgen müssen, dessen Zorn, wenn wir wagen, ihm entgegenzuarbeiten, verheerend sein wird, aber dennoch einer, der uns liebt und wie ein Vater für uns sorgt. Die konkreten Geschichten der Bibel oder anderer Quellen, die Gott als den schildern, der in besonderer Weise handelt, oder die den Anspruch erheben, etwas über ›das Reich Gottes‹ auszusagen (wie die Gleichnisse Jesu), tragen alle zu einem spezifischen Inhalt und Sinngehalt des Symbols bei; und abstraktere Begriffe, wie Heiligkeit und Herrlichkeit, Rechtschaffenheit und Zorn, Allmacht und Allwissenheit, Unendlichkeit und Absolutheit, fügen dem Gottesverständnis ebenfalls besondere Qualitäten und Sinninhalte hinzu. Dies ist kein rein formaler ›letztgültiger Bezugspunkt‹, über den der oder die Gläubige meditiert, und den er/sie anbetet, sondern ein bestimmter, konkret begriffener Gott, der charakteristisch und bestimmt handelt und von seinen frommen Verehrern bestimmte Verhaltens-, Lebens- und Handlungsweisen fordert. Es ist naheliegend, daß ein Gott, der – wie allzu oft in der christlichen Tradition – begriffen wird als dominierendes königliches Wesen, das gebieterisch und allmächtig die Welt beherrscht und von seinen Dienern verlangt, daß sie sich »die Erde und all ihr Getier untertan« machen (Gen 1,28) und daß sie alle ihre und Gottes Feinde vernichten (Dtn 25,19, 1 Sam 15,1–3, Offb 17–18), eine sehr starke Motivation zu einem disziplinierten und autoritären Lebensmuster in den Herzen und Sinnen der Gläubigen hervorruft und daß entsprechende Charakterstrukturen, soziale Institutionen und Lebensstile in dem Maße geformt werden, in dem die Gläubigen versuchen, dem allmächtigen Gott und König gegenüber, der ihr Herr und Herrscher ist, Gehorsam zu üben. Die besonderen Metaphern, Bilder und Begriffe, mit denen wir den letztgültigen Bezugspunkt füllen und konkretisieren, werden also unser Gottesverständnis, ebenso wie die für uns angemessene und richtige Beziehung zu Gott, entscheidend bestimmen. Aus diesem Grunde müssen wir unsere Metaphern und Bilder bei dem Versuch, eine(n) Gottesvorstellung/-begriff zu konstruieren, das eine Orientierung für unsere gegenwärtige menschliche Existenz und ihre ureigenen Probleme sein kann, sorgsam auswählen. Welche Kriterien können bei dieser Auswahl zugrunde gelegt werden?

Ich möchte behaupten, daß die im christlichen Gottesverständnis zum Ausdruck gebrachte Konzeption Gottes als des letztgültigen Bezugspunktes menschlicher Existenz und der Welt zwei unerläßliche Funktionen im Leben der Menschen erfüllt: Wir wollen sie hier die ›relativierende‹ und die ›humanisierende‹ Funktion nennen.[1] Der Begriff des letztgültigen Bezugspunktes

---

[1] Eine genaue Ausarbeitung dieser Aussage in: An Essay on Theological Method, Chico, California 1979, Kap. 3, und: The Theological Imagination, Philadelphia 1981, Kap. 1 und 10.

bringt das starke Empfinden zum Ausdruck, daß alle Dinge ein großes Mysterium bergen, aber auch das Bewußtsein, daß nichts in unserer Welt aus sich selbst heraus Wirklichkeit und Sinn erhält. Wir und alles, was uns angeht, werden im Verhältnis zu dem letztgültigen Bezugspunkt relativiert und in Frage gestellt; das wahre Sein, die eigentliche Bedeutung wird nicht in den Dingen selbst, in uns und dem was wir tun, glauben und verstehen gesucht, sondern ausschließlich im Verhältnis zu Gott. In der Tradition wurde dieser relativierende Leitgedanke häufig in mythischen Gottesbegriffen ausgedrückt, wie dem vom »Schöpfer aller Dinge«, vom »souveränen Herrn über das Leben und die Geschichte« oder vom »Richter über die ganze Erde«. Die »relativierende Funktion« Gottes drückt in abstrakter Form das religiöse Empfinden des Geheimnisses aus, vor dem wir nur noch in Ehrfurcht die Knie beugen können.

In der religiösen Tradition des Westens wurde Gott aber niemals nur als furcht- oder ehrfurchtgebietend dargestellt; er wurde auch als der Geber aller guten Gaben angesehen, zu denen das Leben, die Gesundheit und das Wohlergehen zählen; er wurde als Retter der Menschheit verehrt, als derjenige, der menschliches Leben zu retten und zu erfüllen vermag und es auch tut. Mit der relativierenden geht also eine tiefgreifend humanisierende Dimension des Symbols ›Gott‹ einher: Gott wird betrachtet als letztlich menschliches Wesen, als ›Vater‹ (um das traditionelle Symbol zu verwenden), der ›seine‹ Kinder liebt und für sie sorgt, der durch ihr Versagen und Leiden betrübt wird und der für ihre Rettung und ihr Wohlergehen alles zu opfern bereit ist – sogar ›seinen eigenen Sohn‹.

Die besondere ›Genialität‹ der/des Gottesvorstellung/-begriffs besteht, wie ich bereits in einem anderen Zusammenhang bemerkte, in der Vereinigung des relativierenden und des humanisierenden Leitgedankens, die in einem einzigen religiösen Symbol zusammengehalten werden.

»Also wird das, was dazu dient, alles in Frage zu stellen, was wir tun, sind und erfahren gleichzeitig verstanden als letztlich menschlich und wohltätig, als Erfüllung und Ergänzung unserer Menschlichkeit; und das, in welches wir unser volles Zu- und Vertrauen setzen können und dem wir uns selbst in Frömmigkeit hingeben können, ist genau das, was eine kontinuierliche Selbstkritik von uns fordert sowie die Kritik unserer Werte und Ideen, unserer Aktivitäten, Gewohnheiten und Institutionen.«[2]

Bei unserem Versuch, ein Gottesverständnis für heute zu formulieren, sollten wir uns hauptsächlich darum bemühen, ein Symbol zu konstruieren, das beide Funktionen erfüllt, nämlich vollkommen relativierend und vollkommen humanisierend auf unsere gegenwärtige Existenz, unsere Institutionen und Aktivitäten zu wirken. Die beiden Hauptkriterien für unsere konstruktive Arbeit sind also die *Relativierung* und die *Humanisierung* und nicht – wie gewöhnlich in der Theologie – die Forderung, daß die verwendeten Bilder und Begriffe mehr oder weniger direkt aus der Bibel oder anderen autoritativen Traditionen übernommen werden.

Wir Männer und Frauen heute erfahren uns selbst – wie die Frauen und Männer jeder anderen Zeit und überall – als vielfach eingeschränkt, begrenzt, relativiert, und wir erhalten alle unser Leben und unsere Menschlichkeit als Geschenk von jenseits unserer Grenzen. Wir wissen, daß unser Selbst, unser Wohlergehen und unsere Erfüllung uns von lebensspendenden Mächten, die wir nicht gemacht haben, durch Bedingungen, die weit außerhalb unserer Kontrolle liegen, geschenkt und erhalten werden, die uns damit humanisieren. In vieler Hinsicht erleben wir unsere menschliche Existenz als sowohl relativiert als auch humanisiert durch Kräfte und Mächte, die von außen auf uns wirken und die in dem Nährboden enthalten sind, der das menschliche Leben gebar und fortfährt, es zu erhalten und zu verändern. Durch die Reflexion dieser heutigen Erfahrung, durch das Verstehen unserer Relativierung und Humanisierung sowie das Nachdenken über das Vereinende und Zusammenhaltende dieser beiden Kräfte werden wir anfangen, die Umrisse einer zeitgemäßen Gotteskonzeption zu erkennen – den letztgültigen Bezugspunkt, dem wir uns selbst, unsere Verehrung und unsere Arbeit frei und mit ganzem Herzen widmen können.

Wir wollen beginnen mit den Quellen, aus denen wir stammen,

[2] An Essay on Theological Method, S. 56.

und den Kräften, die uns erhalten. Das menschliche Leben wird heute im allgemeinen verstanden als eine Erscheinung des umfassenden Lebensnetzes, das sich nach und nach über den ganzen Planeten Erde zusammengeknüpft hat und auch weiterhin alles Leben erhält. Die lange und komplizierte Evolutionsgeschichte vom urzeitlichen Schlamm bis hin zu unzähligen höheren Formen läßt sich hier nicht zusammenfassen, was aber auch nicht notwendig ist, weil sie weithin bekannt ist. Die menschliche Existenz, wie wir sie heute verstehen, hat sich niemals von diesem langen Differenzierungs- und Entwicklungsprozeß lösen lassen. Wir Menschen müssen uns daher in erster Linie selbst verstehen als einen Strang dieses alten und komplexen Lebensgewebes und auch als einen Strang, der getrennt von diesem Kontext, der ihn hervorbrachte und fortfährt, ihn in jeder Beziehung zu erhalten, nicht existieren würde.

Doch waren diese physikalischen, chemischen und biologischen Bedingungen und Entwicklungen nicht die einzigen Voraussetzungen für das Hervortreten der menschlichen Existenz, wie wir sie heute kennen. Nachdem die Entwicklung des Nervensystems der Tiere die Entfaltung sprachlicher und anderer Aktivität gestattete und damit die Möglichkeit eines primitiven Bewußtseins entwickelt war, bedurfte es noch einer langen und komplizierten geschichtlichen Weiterentwicklung, bevor irgend etwas auf der Erde erscheinen konnte, das wir als menschliche Existenz anerkennen können. Mit der Entfaltung immer komplexerer Sprachformen, von Erfahrung, Gedächtnis und Vorstellungsvermögen im Laufe Hunderter von Generationen, differenzierte sich alles immer stärker, die Menschen begannen, ihr Leben in dem großen Zusammenhang von Erinnerungen und Geschichten aus der Vergangenheit und auch von Hoffnungen und in die Zukunft projizierten Möglichkeiten zu erfahren. Die menschliche Kreativität wurde geboren, als der Mensch entdeckte, daß er selbst einige dieser Möglichkeiten und Hoffnungen verwirklichen konnte. So entwickelten sich in der menschlichen Existenz allmählich Qualitäten und Fähigkeiten, die bei keiner anderen Lebensform anzutreffen sind.

Dies alles geschah nicht in einem Augenblick, sondern im Laufe Hunderter von Generationen und war nicht nur das Ergebnis einer geistigen Weiterentwicklung. Die zunehmende physische Gewandtheit, der aufrechte Gang, die Entwicklung des gegengreifenden Daumens und andere Veränderungen, die die Erfindung und das Umsetzen neuer physischer Fertigkeiten möglich machten, erfolgten in demselben Zeitraum; und ein immer komplexeres Gehirn und Nervensystem ermöglichten die Koordinierung dieser physischen Veränderungen mit einer rasch wachsenden symbolischen Kapazität. Die Menschen erfanden einfache, dann verfeinerte Werkzeuge, um das Jagen zu erleichtern und sich gegen gefährliche Tiere oder andere Stämme zu schützen. Sie lernten, sich das Feuer dienstbar zu machen und einfache Kleidungsstücke aus Tierhäuten zu fertigen, die sie in die Lage versetzten, in kühlere Gegenden zu ziehen und dort zu überleben. Als das menschliche Leben sich langsam mit der Entwicklung neuer Fertigkeiten und Aktivitäten in verschiedene Richtungen entfaltete, verstärkten sich – als es nicht mehr für jeden möglich war, auf jedem Gebiet sachkundig zu werden – die Unterschiede zwischen den menschlichen Gruppen. So gab es bald Krieger und Gärtner, Jäger und Weber; und einige wurden die Anführer, und zwar diejenigen, die die ordentliche Ausführung und das Miteinander dieser vielen Spezialisierungen koordinierten, gewährleisteten und schützten, damit sie zum Wohl der ganzen Gemeinschaft beitrugen.

Durch die zunehmende Spezialisierung wurde die einzelne Fertigkeit, das einzelne Handwerk hochentwickelt, und das menschliche Leben veränderte sich entscheidend; Erfahrung und Tun erhielten völlig neue Dimensionen. Die schönen Künste, die Politik, die religiöse Meditation und die Reflexion über den Sinn des Lebens: all dies keimte auf, um später von der Philosophie, der Mathematik und den Wissenschaften fortgeführt zu werden. Durch die menschlichen Anlagen, die sich in Taten verwandelten, durch die Qualität und die Quantität der zu befriedigenden Bedürfnisse von Frauen und Männern, durch die Interessen, die in zunehmendem Maße Aufmerksamkeit und Zeit der Menschen in Anspruch nahmen, entfernte sich das menschliche Leben immer weiter von seinen tierischen Ursprüngen. Obgleich das menschliche Leben auf seine biologischen Fundamente aufbaut und unlösbar mit ihnen verknüpft bleibt, besitzt es in allen Einzelerscheinungen und Charakteristika seine entscheidende geschichtliche und kulturelle Prägung.

Wenn es heute um die Frage geht, woher wir Menschen kommen und wodurch wir erhalten werden, muß eine Antwort sowohl in der biologischen Evolution und dem Ökosystem als auch in dem langen Prozeß der Menschheitsgeschichte und den verschiedenen sozio-kulturellen Systemen, die er hervorgebracht hat, gesucht werden. Soweit wir das beurteilen können, sind es nämlich diese komplexen Voraussetzungen und Entwicklungen, die menschliches Leben ermöglichten; und sie sind es auch, die es weiterhin erhalten. Diese Voraussetzungen und Entwicklungen haben uns sowohl humanisiert als auch relativiert und daher müssen wir – wenn wir überhaupt im Zusammenhang unserer gegenwärtigen Erfahrungen und Kenntnisse von Gott sprechen sollen – unser heutiges Gottesverständnis in Anknüpfung an sie und mit den Metaphern und Bildern, die sie uns bieten, aufbauen.

An dieser Stelle ist die Frage berechtigt, warum wir uns mit dem Versuch plagen sollen, Gott einzubeziehen, wenn wir mit dieser ganz und gar naturalistischen und geschichtlichen Darstellung der menschlichen Existenz keine Schwierigkeiten haben? Kommt nicht in der Tatsache, daß wir Gott einbeziehen, der Anspruch zur Geltung, ihn zur übernatürlichen und übergeschichtlichen Realität zu machen, zum tiefsten Ursprung und zur endgültigen Norm des menschlichen Lebens? Ist nicht die Bezeichnung ›Gott‹ ein *Name*, ein Name für diese ursprüngliche Realität jenseits und außerhalb von Natur und Geschichte und deren gemeinsame Quelle, ›den Schöpfer des Himmels und der Erde‹? Aus der Sicht der traditionellen Verwendung des Gottesnamens sind solche Fragen sicherlich berechtigt: man stellte sich Gott in der Regel (aber keineswegs immer) als bestimmtes Wesen oder Entität irgendwie jenseits der irdischen Ordnung vor; als ihren Ursprung und ihren Nährboden. Hier sollten wir uns jedoch an unseren methodischen Vorsatz halten und nicht die traditionellen Sichtweisen übernehmen oder uns ihnen verpflichtet fühlen, nur weil sie traditionell sind, denn sie stellen ausnahmslos alle die Vorstellungskonstruktionen früherer Generationen dar, und unabhängig davon, wie lehrreich sie für uns sein mögen, haben wir uns zu unserer eigenen theologischen Konstruktionsarbeit entschlossen. Die wichtige Funktion des Symbols ›Gott‹ in der Theologie bestand nicht – wie wir oben aufzeigten – darin, ein Wesen oder eine Entität zu benennen, die uns anderenfalls unbekannt geblieben oder von uns übersehen worden wäre, sondern eher darin, unser Bewußtsein und unsere Aufmerksamkeit auf das zu lenken, was uns humanisiert und relativiert. Daher schien uns nicht das Postulieren eines Wesens oder einer Realität jenseits unserer Welt das angemessene Kriterium für das Einbeziehen Gottes zu sein, sondern eher die relativierende und humanisierende Kraft, die in der Welt wirkt. Verehrung Gottes und Gottesdienst heißt *das* verehren und *dem* dienen, was uns wirklich unsere Menschlichkeit und unsere Erfüllung verleiht; es heißt aber auch begrenzt, eingeschränkt und gerichtet werden, wenn wir uns selbst überfordern oder nach etwas trachten, was uns nur schaden oder zerstören kann.

Wir wollen auf unseren Versuch zurückkommen, das Symbol ›Gott‹ in ökologischen Begriffen zu verstehen, d. h. im Zusammenhang mit den biologischen und geschichtlichen Ursprüngen und Grundlagen des menschlichen Lebens. Die Grenze zwischen Geschichtlichem und Biologischem – zwischen dem durch menschliche Kreativität und Kunst Geschaffenen und dem, was einfach vorgegeben ist – kann nicht allzu scharf gezogen werden, und es wäre ein Fehler, dies zu tun. Von dem Moment ihres Auftretens an haben die Menschen an der Veränderung der sogenannten natürlichen Gegebenheiten gearbeitet; und indem sie die Kulturwelt schufen, in der sich heute überall menschliches Leben vollzieht, errichteten sie eine gastliche Umgebung für die menschliche Existenz, wie wir sie heute kennen. Unsere Häuser sind im Winter geheizt, im Sommer haben viele Klimaanlagen. Wir haben Krankenhäuser, wo unsere Krankheiten behandelt werden und eine technisierte Landwirtschaft, die uns mit einer großen Menge und Vielfalt an Nahrungsmitteln versorgt; die Kommunikation mit jedem Kontinent ist in jedem Augenblick möglich; und den entferntesten Punkt des Erdballs können wir innerhalb von Stunden erreichen; wir haben das Antlitz der Erde buchstäblich umgestaltet – was jeder nachvollziehen kann, der sich aus der Luft einer unserer Großstädte nähert oder auch nur eine Straße dort entlanggeht. Außerdem schreiten wir rasch einer Zeit entgegen, in der wir in der Lage sein werden, die genetischen Grundlagen des menschlichen Lebens gezielt zu verändern und somit unsere physiologische Gestalt in zukünftigen Generationen zu beeinflussen; es ist auch nicht mehr nur eine kühne Phantasie, daß Menschen eines Tages die Erde für immer verlassen werden, um sich anderswo im Universum ihren Platz zu suchen. Die physischen, chemischen und biologischen Voraussetzungen des menschlichen Lebens sind demnach alle in vieler Beziehung formbar und es wäre ein Fehler, sie als unveränderbare ›Gegebenheiten‹ zu betrachten, denen wir untergeordnet sind. Ein Unterschied zwischen der modernen Lebensbetrachtung und allen früheren oder klassischen Sichtweisen ist nämlich die Erkenntnis, nicht einfach irgendwelchen mysteriösen kosmischen Kräften ausgeliefert zu sein, die einseitig aus dem Jenseits auf uns wirken – ob man das nun Schicksal, Karma oder den Willen Gottes nennt –, sondern, daß viele, vielleicht sogar alle Voraussetzungen unserer Existenz und unseres Wohlbefindens in gewissem Maße der menschlichen Veränderung und Umformung unterliegen. Dieses Bild menschlichen Lebens in seinem kosmischen Zusammenhang weicht stark ab von dem traditionellen theologischen Porträt der Verwandtschaft zwischen Gott und den Menschen.

Zwei Aspekte, die von dem metaphorischen Grundgefüge der traditionellen Gotteskonzeption hergeleitet wurden – von der/dem Vorstellung/Begriff des Schöpfervaters und Herrgotts –, sollen hier hervorgehoben werden. (a) In der traditionellen Sicht war alles, was im Universum geschah, von seiner Schöpfung bis hin zu seinem Ende, Ausdruck des souveränen Willens und Tuns Gottes; Gott hatte die Grundzüge für die Entfaltung der Weltgeschichte festgelegt und war, als allmächtiger Schöpfer und Herr der Welt, mächtig und entschlossen genug, um zu gewährleisten, daß die kosmische und die menschliche Geschichte ihre beabsichtigten Ziele erreicht. (b) Gottes Absichten für die ganze Schöpfung und insbesondere für die Menschheit sind gütig und liebevoll; Gott ist ein gnädiger Vater, der das Universum in vollkommener Gerechtigkeit und Liebe regiert und der für jedes Geschöpf nichts anderes wünscht, als letztlich dessen Wohlergehen und dessen Erfüllung. Dieser das menschliche Leben überwölbende Kontext und die zielgerichtete Aktivität des liebenden Schöpfergottes, derer sich die Frommen im Glauben gewiß sein können, vermittelte eine bestimmte Sicherheit, das Vertrauen und die Zuversicht, daß jedes denkbare Übel, das einem in diesem Leben widerfahren mochte, bezwungen werden würde. Wie es in dem wunderbaren alten Spiritual so ergreifend heißt: »He's got the whole wide world in his hands.«

Die Grundstruktur dieses Bildes von der menschlichen Existenz und ihrem Kontext ist dualistisch und asymmetrisch. Die omnipotente Macht und die Liebe des göttlichen Schöpferkönigs legen den endgültigen Lauf und das Ergebnis der menschlichen und kosmischen Geschichte absolut und unwiderruflich fest: Dies ist die Sicherheit, aus der der Glaube lebt. Aber das von uns gezeichnete moderne Weltbild weist nicht diese Strukturen eines asymmetrischen Dualismus auf, bei dem aus der Erhabenheit göttlicher Planung der Lauf der kosmischen Entwicklung und der menschlichen Geschichte gesteuert wird. Es ist im Gegenteil das Bild einer einheitlichen und interdependenten Ordnung, in der überlegte Planung erst gegen Ende eines langen Evolutionsprozesses auf der Erde auftritt, als selbstbewußte Wesen auftauchen und Stück für Stück beginnen, ihr Leben selbst in die Hand zu nehmen.

Zwar ist es keineswegs ausgeschlossen, wenn man sich dafür entscheidet – und viele Christen möchten das –, einem Gottesverständnis zuzustimmen, das noch grundlegend in dem traditionellen mythischen Bild wurzelt, jedoch steht auch außer Zweifel, daß der asymmetrische Dualismus, der diesem Bild seine Kraft verleiht, nur Einzelaspekte unserer heutigen Situation erleuchten kann. In mancher Hinsicht scheint sich die alte dualistische Mythologie fast in ihr Gegenteil verkehrt zu haben: Die kosmische Ordnung, als Quelle und Kontext unseres Lebens und Wohlbefindens, scheint plötzlich außerstande, sich vor dem heftigen und bedrohlichen menschlichen Angriff zu schützen. Wir haben die Fähigkeit erlangt, uns selbst und möglicherweise auch alles irdische Leben zu zerstören; unsere menschlichen Planungen und unsere technische Macht werden uns zum Verhängnis. In dieser Situation müssen wir, wenn ›Gott‹ ein überlebensfähiges Symbol zur Orientierung im menschlichen Leben sein soll, eine Gotteskonzeption finden, die stärker der modernen Auffassung einer grundlegend einheitlichen ökologischen Ordnung – und der gegenwärtigen Krise, die diese veranschaulicht – entspricht; denn diese stellt offenbar unseren aktuellen Kontext dar, und sie ist auch das zentrale Problem unserer menschlichen Existenz.

Wir könnten also versuchen, uns einen Begriff von Gott zu machen, der weitgehend geprägt ist von den natürlichen Prozessen und der kosmischen und biologischen Evolution. Das Ergebnis wäre ein denkbar schweigsamer Gott; ein Gott, der zwar aktiv ist, dessen Bewegungen Kreativität und Vitalität ausdrücken, der aber in großem Maße frei wäre von dieser Art des Planens und Sorgens, die den himmlischen Vater in der Tradition charakterisierten. Ein solcher Gott vermag gewiß eine zutiefst ehrfürchtige und respektvolle – und auf seine Weise gar eine liebende und vertrauensvolle – Frömmigkeit hervorzurufen. Er ist jedoch kein Gott, der uns in den heute zu bewältigenden großen Krisen eine starke Führung gewähren könnte: nämlich in den geschichtlichen Krisen, die keine biologischen sind, in den Krisen menschlicher Motivation, menschlicher Politik, menschlichen Handelns und menschlicher Institutionen.

Es ist wichtig zu bemerken, daß ein in diesem engen naturalistischen Sinne konzipierter Gott nicht den vielen Kräften und Voraussetzungen gerecht wird, die tatsächlich unsere menschliche Existenz hervorgebracht haben. Nach den Betrachtungen dieses Kapitels war es nicht die biologische Evolution allein, die die Menschheit, wie wir sie heute kennen, schuf, sondern es bedurfte auch eines langen geschichtlichen Prozesses kultureller menschlicher Kreativität, bevor ein selbstbewußtes und selbstbestimmtes Leben in Erscheinung treten konnte. Infolgedessen ist die menschliche Existenz gestaltet worden von den Einrichtungen und Sprachen, von den Gebräuchen und Fertigkeiten, die Männer und Frauen selbst schufen, und damit wurde nach und nach jede Dimension des Lebens von menschlichen Absichten und Sinninhalten durchdrungen. Wenn wir uns Gott vorstellen als die Realität, die uns tatsächlich sowohl humanisiert als auch relativiert, so werden diese Tatsachen mitberücksichtigt werden müssen.

Daß die menschliche Existenz sich z. T. selbst geschaffen hat im Laufe der Geschichte – oder besser indem sie eine ganze Sammlung sich entfaltender Geschichten schuf –, erschwert unseren Versuch ungemein, ein zeitgemäßes Gottesverständnis, ein Verständnis der Grundlagen und Orientierungsmöglichkeiten des menschlichen Lebens zu finden. Die göttliche Kraft, die uns unser menschliches Dasein gab, muß demnach konzipiert werden als Kraft, die von der des menschlichen Geistes selbst nicht zu trennen ist, dessen schöpferische Aktivität die Kulturen erzeugt, die das menschliche Leben menschlich machen und *durch* sie sowie *mit* ihr arbeitet.

Das soll natürlich nicht heißen, daß sich die Menschen selbst durch bewußtes Handeln direkt geschaffen haben. Denn die meisten menschlichen Einrichtungen und Bräuche, Denkweisen und sozialen Organisationsstrukturen, die meisten Werte und Ideen wurden zwar durch menschliche Kreativität und menschliches Handeln erzeugt, sie erschienen aber niemals als direkte Konsequenz aus wohlüberlegten Vorsätzen oder Planungen.

Wir wollen einige Beispiele betrachten. Die moderne Wissenschaft war zweifellos eine menschliche Schöpfung, doch hatte kein Individuum und keine Gruppe zum Zeitpunkt ihrer Anfänge im 17. Jahrhundert irgendeine Vorstellung von den komplexen institutionellen Strukturen, von den Bildungs- und Erziehungsmethoden, den moralischen und gemeinschaftlichen Verpflichtungen, von den finanziellen und natürlichen Ressourcen, ganz zu schweigen von den Denkmustern und den theoretischen Vermittlungsschemata, aus denen die Wissenschaft heute besteht.

Obwohl unzählige Entscheidungen und Handlungen mit der allmählichen Entwicklung der modernen Institutionen einer parlamentarischen Demokratie verknüpft waren, hat sich niemand diese politische Organisationsform einfach ausgedacht, um sie dann unmittelbar zu verwirklichen.

Jedes Gebäude einer modernen Stadt ist das Produkt menschlicher Planung und Intention. Zwar wurde jeder Stein in einer bewußten menschlichen Handlung gelegt, aber niemand hat einfach beschlossen, daß es eine feine Sache wäre, das moderne London, New York oder Tokio zu errichten, die Baupläne erstellt und sie dann ausgeführt. Die englische Sprache – oder die chinesische oder das Sanskrit – ist eine menschliche Schöpfung, aber wer soll es gewesen sein, der darüber nachgedacht und dann beschlossen hat, sie zu schaffen?

Folglich scheint zwar jedes kulturelle Element ein Produkt menschlicher Kreativität zu sein, doch wurden die großen geschichtlichen und kulturellen Strukturen – gesellschaftliche Institutionen, Bräuche, Sprachen, Denk- und Verständnismuster, Wert- und Sinnzusammenhänge – weder von den Menschen vorausgesehen noch waren sie Erzeugnisse bewußter menschlicher Intention. Im geschichtlich kulturellen Prozeß ist eine verborgene Kreativität am Werk, und sie hat uns auch die sozialen und kulturellen Grundstrukturen gegeben, die die menschliche Existenz tatsächlich geschaffen haben und weiterhin erhalten sowie jene Qualitäten des Lebens, die wir über alles schätzen: Die Folgen unserer Entscheidungen und Handlungen schießen immer weit über unsere ehrgeizigsten Ziele und kühnsten Träume hinaus. Diese Kreativität, die in der Geschichte und durch sie wirkt, hat das Leben der Menschen ausdrücklich zu einem menschlichen gemacht und nur in der Hoffnung auf das weitere positive Wirken dieser Kreativität – dieser nicht berechenbaren Gnade, die durch unsere Entscheidungen und unser Handeln wirkt – können wir heute die schwere Verantwortung tragen, die uns das gewaltige Anwachsen der Technologie aufbürdet und die durch unsere immensen Vorräte an Atomwaffen eindrucksvoll symbolisiert wird.

Fassen wir unsere Gedanken zusammen: Wir versuchen, eine der heutigen Zeit angemessene Gottesvorstellung zu finden, eine Konzeption der Realität, auf der unsere Existenz basiert, und in deren Verehrung wir in der beängstigenden Situation, in der die menschliche Geschichte sich befindet, eine weiterführende Orientierung finden können. Wir haben gesehen, daß die menschliche Existenz erzeugt wurde und hervorging aus einem ungemein komplexen Gefüge physikalischer, biologischer und historischer Prozesse und daß diese uns auch weiterhin zweifach, körperlich und geistig, erhalten und ernähren; beide relativieren uns und fahren fort, uns zu humanisieren. Wenn wir zurückblicken auf diese lange Geschichte von Eventualität und Zufall, so überrascht es, daß selbstbewußtes kultiviertes menschliches Leben überhaupt jemals auf der Erde geboren wurde. Aber genau das ist es: Wir sind weit davon entfernt, das Erzeugnis der kreativen kosmischen Prozesse zu verstehen. Wenn das menschliche Leben fortdauern soll, müssen alle Faktoren, die es ermöglichen – physikalische, biologische und geschichtlich-kulturelle – aufrechterhalten werden und ihren jeweiligen unerläßlichen Beitrag dazu leisten.

Gott zu verehren bedeutete in unserem religiösen Erbe die Achtung und Dankbarkeit gegenüber unserem Schöpfer, nämlich gegenüber *der* Realität, die uns ins Leben gerufen hat und uns weiter erhält. Gott zu verehren und ihm zu dienen war für unsere Vorfahren natürlich und wichtig: *natürlich* im Ausdruck des Staunens und der Ehrfurcht, die durch die Erkenntnis, das Geschenk des Lebens erhalten zu haben, geweckt wurden; *wichtig*, weil es für das Erreichen der intendierten Erfüllung des menschlichen Lebens unerläßlich war, den göttlichen Willen zu kennen und zu befolgen. Diese Frömmigkeit konzentrierte sich in einer mythischen, personalen Gotteskonzeption, einer Konzeption, die unter Zuhilfenahme anthropomorpher Bilder von Herrschaft, Elternschaft und der Herstellung von Artefakten Gestalt annahm. In vieler Hinsicht ist der paternalistische und autoritäre Beiklang dieses mythischen Begriffs – der in der Vergangenheit häufig destruktiv war – heute zu einer ernsthaften Irreführung und Gefahr geworden. Das bedeutet jedoch nicht, daß Gott zu verehren und zu dienen – d. h. die Realität, die uns ins Leben gerufen hat, die fortfährt uns zu erhalten und uns zu einem vollständigeren und tieferen Menschsein führt, zu verehren und ihr zu dienen – heute weniger natürlich oder wichtig wäre als früher. Es bedeutet aber, daß wir Gott in einem unserem modernen Selbst- und Weltverständnis angemessenen Sinne begreifen müssen, ebenso wie jene früheren Generationen Gott im Sinne ihres Verständnisses des menschlichen Lebens und den Kräften angemessen, mit denen es konfrontiert war, begriffen. Gott sollte heute begriffen werden im Sinne der physikalischen, biologischen und geschichtlich-kulturellen Voraussetzungen, die menschliches Leben ermöglichten, es weiterhin erhalten und es zu einer vollkommeneren Menschlichkeit führen. Einen anderen als den in diesem Sinne begriffenen Gott zu verehren, wäre nicht die Verehrung Gottes als der Realität, die uns (nach unserem besten Verständnis) tatsächlich erschaffen hat und zu der wir, wenn unser Leben erhalten und genährt werden soll, tatsächlich eine lebendige Beziehung benötigen. Vielmehr käme sie der Verehrung eines Abgotts gleich, einer vorgetäuschten Gottheit und würde als solche schwächend und zerstörerisch wirken und am Ende gar zum Verhängnis führen.

Wenngleich wir nach unserem Selbstverständnis durch ein komplexes Gebilde von Faktoren, Kräften und Prozessen (physikalischen, vitalen und geschichtlich-kulturellen) ins Leben gerufen wurden, ist es richtig, dieses Ganze in einem einzigen Symbol oder Begriff ›Gott‹ zusammenzufassen und -zuhalten. Unsere Symbole, insbesondere Substantive und Namen, funktionieren als Gestalten und Einheiten, die in der unendlichen Mannigfaltigkeit der Erfahrung enthalten sind, auf die wir ständig zurückgreifen müssen, wenn das Leben eine Ordnung und einen Sinn haben soll, und die wir berücksichtigen müssen, um angemessen und fruchtbar handeln zu können. Begriffe wie ›Haus‹, ›Baum‹ oder auch ›Sandhaufen‹ helfen uns, etwas in einem bestimmten Zusammenhang als einheitlich und einfach zu verstehen, was aus einer anderen Perspektive sehr kompliziert und vielschichtig ist. Das Symbol ›Gott‹ hält wie kein anderer Name, kein anderer Begriff unserer westlichen Sprachen diese komplizierte, unsere menschliche Existenz begründende und erhaltende Realität als Einheit zusammen, die uns sowohl relativiert als auch humanisiert – nämlich das, was wir vor allem anderen berücksichtigen müssen, wenn wir durch unser bewußtes Nachdenken und durch unser Tun im Leben und in der Welt geleitet werden wollen. Nur ein solches Symbol, das all dies vereint, kann uns zu einer wirksamen Konzentration unserer Meditation und unseres Handelns befähigen.

Wären wir unfähig, unsere menschliche Existenz, wie in dem Symbol ›Gott‹, als Einheit – in ihrem Grund sinnvoll geeint und einend – zu begreifen, so hätte das Bewußtsein unserer Einheit und der Integrität der individuellen Eigenpersönlichkeit sowie das unserer Solidarität als Menschheit keine tragfähige Basis; wir könnten leicht in destruktive Sprach-, Denk- und Handlungsmuster verfallen. Solche Muster sind in unserer Tradition allzu oft aufgetreten: z. B. die Tendenz, den Menschen zu spalten (etwa in ›Körper‹ und ›Seele‹) und nur in einer Dimension die ›wahre Natur‹ unseres Seins zu suchen, der alle anderen Dimensionen zum Opfer fallen; oder die Klassifizierung der Menschheit in die Kategorien männlich und weiblich oder schwarz und weiß, wobei unterstellt wird, daß das, worauf es wirklich ankommt, in einer dieser Gruppen – die dann auch für die höhere, vollständiger oder paradigmatischer menschliche gehalten wird – besser verwirklicht werden kann. Es ist jedoch ein großer Fehler, Materie, Leben und Geist und die verschiedenen Geschlechter und Rassen voneinander abzugrenzen und zu unabhängigen Wirklichkeiten aus eigenen Rechten zu machen, anstatt sie als Abstraktionen jener fundamentaleren Einheit zu behandeln, die unserer Existenz ihre menschliche Form gibt. Ähnlich falsch ist es, die tiefste Quelle und die Grundlage unserer integrierten Existenz als irgendein zufälliges, zusammengesetztes Konglomerat zu begreifen, denn sie muß selbst eine sinnvolle Einheit bilden. Unser Symbol ›Gott‹ lenkt die Aufmerksamkeit stärker und mächtiger als irgendein anderes Symbol unserer Sprache auf diese letztgültige Einheit, die hinter allen Dimensionen des menschlichen Lebens steht und durch sie wirkt.

Das Symbol ›Gott‹ weist auf eine Realität hin, auf eine letztgültige Tendenz oder Macht, die sich selbst im Laufe eines Evolutionsprozesses herausbildet, der nicht nur Myriaden von lebenden Spezies hervorgebracht hat, sondern auch mindestens eine Lebensform, die fähig ist, im Zuge einer kumulativen Geschichte aus sich selbst heraus geistig Gestalt anzunehmen und sich zu entwickeln hin zu einem gewissermaßen selbstbewußten und freien Wesen, das in einer symbolischen oder kulturellen Welt lebt, die es sich selbst geschaffen hat. Mit dem Symbol ›Gott‹ haben wir die Möglichkeit, diesen weiten evolutionsgeschichtlichen Bogen als kosmische Bewegung zusammenzuhalten, die uns einerseits unser Menschsein gegeben hat und andererseits fortfährt, uns zu einer tieferen Humanisierung anzuhalten – die uns auch, das muß betont werden, gleichzeitig in jeder Beziehung relativiert –, eine Bewegung, die wir versuchen müssen zu verstehen, so gut wir es können, und in der wir so verantwortungsvoll und kreativ wie möglich leben müssen, wenn das menschliche Leben weiterbestehen soll.

Es fehlt uns der Raum, hier unsere Welt und Existenz als auf diese Weise von und in Gott verstanden genauer zu beschreiben; ich möchte aber ein paar sich hieraus ergebende Folgerungen für ein theologisches Verständnis der atomaren Krise benennen.

Wir haben in den letzten Jahrzehnten erkannt, daß ›Leben‹ keine Qualität oder Macht ist, die einzelne Organismen besitzen, sondern vielmehr ein alles umspannendes Netz komplexer Verbindungen und Querverbindungen, das individuelle Organismen und auch ganze Spezies hervorbringt, die getrennt von ihm nicht existieren könnten; und wir Menschen, die wir über den Erdball verstreut leben, sind – insbesondere in den letzten Jahrhunderten – im Begriff, dieses Netz zu zerreißen und die natürliche Umwelt, die es erhält, zu verschmutzen und zu vergiften. Wir haben damit ›gegen Gott‹ gehandelt; und trotz Gottes fortgesetzter Aktivität (d. h. der lebenserhaltenden Kräfte, die für unser Wohlergehen sorgen) zur Abwendung unseres negativen Einwirkens auf das Lebensnetz der Erde, ist der Schaden, den wir bereits angerichtet haben, sehr groß und kann am Ende zu einer ernsthaften Beeinträchtigung oder gar Vernichtung der menschlichen Existenz und der vieler anderer Arten führen.

Streng biologisch betrachtet, wäre ein solches Ereignis vermutlich keine Katastrophe, denn viele Arten sind auf der Erde erschienen und eine Zeitlang gediehen, um irgendwann wieder ausgelöscht zu werden. Doch sollte dies noch von einer anderen Seite beleuchtet werden. Im Laufe der Zeit hat die kosmische und göttliche Ordnung, als Dimension ihrer selbst, eine Daseinsform hervorgebracht, die in ganz besonderer Weise sogar die luxuriöse Fruchtbarkeit des Lebens transzendiert, nämlich die Geschichte – die symbolische Ordnung, das Reich des Geistes –, in der Bewußtsein und Sinn, selbstbewußte Subjektivität, Zielgerichtetsein und Freiheit Wirklichkeit sind. Wir Menschen sind die einzige uns bekannte lebende Inkarnation dieser Daseinsform. So betrachtet sind wir sozusagen der ›entfernteste Punkt‹ im kosmischen evolutionsgeschichtlichen Prozeß, der Punkt, an dem

diese Schöpfungsbewegung selbst-bewußte Wesen erzeugt hat, die die Macht besitzen, in gewissem Maße direkten Einfluß auf die weitere Entfaltung eben dieser Schöpfung zu nehmen. Gott – diese große kosmische Evolutionsbewegung – bringt nach vielen Jahrtausenden endlich Freiheit und Selbstbewußtsein in und durch unsere menschliche Geschichte in uns zur Welt; und vor unsere menschlichen Augen tritt eine neue und prächtige Aussicht – eine Hoffnung. Langsam, im Laufe vieler Generationen, kommt eine Vision in Sicht, bei der das Leben und die Gemeinschaft geprägt sein werden von Freiheit, Liebe, Gerechtigkeit, Sinn und Kreativität. Dieses neue Zeitalter, das in unseren religiösen Traditionen mythologisch als das Kommen des Reiches Gottes gefeiert wird, wird (wenn es kommt, dem Verständnis einiger dieser Traditionen entsprechend) eine bedeutsame Erfüllung und Steigerung, eine Verwirklichung von Gottes eigenem Wesen sein. Diese Verwirklichung kann natürlich – soweit die Menschen dies heute beurteilen können – erst stattfinden, wenn echte Gemeinschaft und vollständige menschliche Personen auf der Erde erscheinen. So gesehen, ist Gottes Wesen und Bestimmung in bezug auf die Erde – die ja letztlich die Bedeutung der kosmischen Evolution und der Geschichte hier auf der Erde sind – engstens mit dem Lauf der menschlichen Geschichte verknüpft. Hier bekommt die zentrale christliche Aussage, daß Gott durch seine Menschwerdung in der ungewissen menschlichen Geschichte seine Gottheit selbst unwiderruflich an diese gebunden hat, eine neue Bedeutung von großer Tragweite. Unser Geschick auf Erden ist Gottes Geschick auf Erden geworden.
Wir müssen hoffen, daß die in der Geschichte wirkende Kreativität Möglichkeiten erzeugen wird, die wir jetzt weder voraussehen noch anstreben können, Wege durch die unzähligen potentiellen Katastrophen hindurch, die vor uns liegen; aber wir sollten uns dennoch nicht leichtfertig darauf verlassen (etwa, wie es in der traditionellen Symbolik von der Vorsehung Gottes suggeriert wird). Vielmehr liegt heute unser Geschick weitgehend in unseren eigenen Händen, und wir müssen auch die volle Verantwortung dafür tragen. Außerdem wird die Katastrophe, die wir möglicherweise über die Erde bringen, nicht nur Folgen für die Menschheit haben, nämlich die Ausrottung unserer Art und da-

mit unserer Hoffnungen und Träume, sondern es wird eine Katastrophe für alles Leben sein, für die lange, langsame schmerzvolle Evolution, die das Leben hier auf der Erde vollzogen und die schließlich in der Entfaltung der menschlichen Geschichte neue Sinn- und Wertdimensionen erreicht hat mit dem Zutagetreten von Liebe, Wahrheit, Selbstbewußtsein und Freiheit. Kurz, es wird eine Katastrophe für Gott sein, ein gewaltiger Rückfall, den wir Menschen dieser Generation verantworten müssen. Mit einem solchen historischen und kosmischen Augenblick, einem vor unserer Zeit nicht einmal vorstellbaren Augenblick, müssen wir heute rechnen, und daher müssen wir einen Weg für ein verantwortungsvolles kreatives und erlösendes Handeln finden.

Ich will hier nicht im einzelnen aufführen, was ein solches Handeln alles mit einbezieht. Es steht außer Zweifel, daß eine dramatische und vollständige Transformation – eine Metanoia – unserer größten sozialen, politischen und wirtschaftlichen Institutionen sowie unserer Denk- und Handlungsmuster bis hin zu unseren Persönlichkeitsstrukturen vonnöten ist. Der Verehrung Gottes, der Treue gegenüber Gott – verstanden in den hier skizzierten Begriffen, die dieses mächtige, sinnträchtige Symbol in Zusammenhang bringen *mit* und als Stütze sehen *für* unsere heutige Erkenntnis, daß alles Leben, ja alle Realität interdependent ist – kann nicht in irgendeinem privaten Pietismus oder in der Beschränkung auf bestimmte Traditionen und Gemeinschaften entsprochen werden. Gott zu verehren und ihm treu zu sein bedeutet, das Denken und Handeln auf eine Metanoia im gesamten menschlichen Leben zu lenken, denn Gott wird hier verstanden als die hinter, in und durch alles Leben und alle Geschichte wirkende ökologische Realität; und Gott zu dienen ist somit nur mit einer universellen Perspektive und Arbeit möglich. Die Verehrung Gottes sollte uns dazu führen, den Beschränkungen, denen wir uns so häufig mit ideologischem, patriotischem und religiösem Eifer abgöttisch verschreiben, die Treue aufzukündigen. So könnte die Verehrung Gottes uns die Augen öffnen für manche Ursachen unseres rasenden Sturzfluges einem Rassenselbstmord entgegen und könnte uns helfen, diesem Einhalt zu gebieten. Das Erkennen Gottes bedeutet heute – wie schon immer –, daß wir letztlich »nicht uns selbst gehören« (vgl. 1Kor 6,19), und daß das, was wir mit unserem Leben tun, eine Bedeutung in kosmischen Dimensionen hat; aber – und dies kam in der traditionellen mythologischen Metaphorik, die die Gottesidee schuf, nicht so klar zum Ausdruck – es bedeutet, seit wir Menschen die Macht besitzen, das menschliche Leben auf der Erde auszulöschen, auch, daß das, was wir tun, katastrophale Folgen für das göttliche Leben selbst haben kann. Gott zu verehren bedeutet demnach heute, daß wir uns selbst ganz und gar rechenschaftspflichtig machen für die Fortdauer des Lebens auf der Erde.

IV. Für eine Neukonzeption Christi und des Heils

Eine der grausamsten Christenverfolgungen – von der nur wenige Europäer und Amerikaner wissen, weil unsere Kenntnisse der Christentumsgeschichte sich weitgehend auf den Westen beschränken – trug sich im Japan des 17. Jahrhunderts zu. Nachdem das Christentum 1549 von Franz Xavier nach Japan gebracht worden war, kamen immer mehr römisch-katholische Missionare in das Land, und gegen Ende des Jahrhunderts waren bereits Hunderttausende zum Christentum übergetreten; Akademien, Seminare und Krankenhäuser waren eingerichtet worden, und eine Zeitlang erfreuten sich die Christen großer Beliebtheit am königlichen Hofe. Es verging jedoch nicht viel Zeit, bis einige politische Führer begannen, den Verdacht zu hegen, die Christen würden die gesamte politische und soziale Struktur Japans untergraben – was in gewisser Hinsicht auch zutraf; daraufhin setzten sporadische Verfolgungen ein. 1614 wurde ein Ausweisungserlaß verkündet; danach kam es zu erbitterten Verfolgungen von Ausländern und japanischen Christen mit Folterungen, Kreuzigungen, Verbrennungen, Ertränkungen: Tausende wurden zu Märtyrern.

Diese Verfolgungssituation mit Terror, Folter und Martyrium bildet den Hintergrund für den Roman »Schweigen« des zeitgenössischen japanischen Autors Shusako Endo. Der Titel spielt an auf das Schweigen Gottes angesichts der Leiden und des Todes derer, die zu gläubigen Christen geworden waren. Die Hauptfigur des Romans, ein portugiesischer Missionar mit dem Namen Sebastian Rodriguez – er ist einer historischen Person nachgebildet – kann nicht verstehen, warum Gott niemals auf das zu reagieren scheint, was geschieht. Bei all den Folterungen und dem Leiden kommt kein Zeichen von oben; die Schreie und Gebete der Gläubigen bringen kein Wort des Trostes hervor. Sebastian beginnt sich zu fragen, ob es Gott überhaupt kümmert, was geschieht. Wie so viele andere Christen, die sich mit dem Problem des Leidens und des Bösen gequält haben, wird Sebastian schließlich unfähig, mit Hilfe der christlichen Lehren, die ihm vertraut sind, sinnvoll zu erklären, was um ihn herum geschieht. Als er dann selbst den grausamsten Folterungen unterworfen wird und Gott immer noch stumm bleibt – ohne Antwort auf seine Schreie und Gebete, ohne göttliche Ermutigung zum Standhalten –, verleugnet er seinen Glauben.

Die Apostasie verlief bei den japanischen Verfolgungen immer auf dieselbe Weise: Die Christen wurden aufgefordert, ihren Fuß fest auf das Kruzifix zu stellen und so Christus, an den sie geglaubt hatten, mit Füßen zu treten. Sebastian hatte sich lange auf diesen Augenblick vorbereitet. Jetzt, nach einem langen Gefängnisaufenthalt, der immer wieder von groben und subtilen Folterungen unterbrochen worden war, ist der Augenblick gekommen. Sebastian steht unmittelbar vor dem auf einem schmutzigen grauen Brett befestigten Stück Kupfer. Dabei gehen ihm diese Worte durch den Sinn:

O mein Gebieter! Lange, lange Zeit, unzählige Tage, habe ich mir dein Antlitz vorgestellt. Besonders oft, seit ich in dieses Land Japan gekommen bin. Als ich mich in den Bergen von Tomogi verbarg, als ich das Meer im Boot überquerte, in den Nächten in jenem Gefängnis. An dein angebetetes Antlitz dachte ich bei jedem Gebet, dein segnendes Antlitz fiel mir ein, wenn ich einsam war, dein mit dem Kreuz beladenes Antlitz erwachte am Tag meiner Verhaftung zu neuem Leben, dein Antlitz, tief hineingeschnitten in meine Seele, lebt in meinem Herzen als das Schönste, das Erhabenste auf dieser Welt. Und darauf soll ich jetzt mit diesen meinen Füßen treten!

... Der Priester hob das Tretbild mit beiden Händen in die Höhe und brachte es nahe an sein Gesicht. Sein eigenes Gesicht wollte er an dieses von zahlreichen Menschen getretene Antlitz drücken. Der Herr auf dem Tretbild starrte, infolge der Tritte zahlloser Menschen abgenützt und eingesunken, den Priester mit einem gleichsam traurigen Blick an. Aus seinen Augen schien eben eine Träne herabzufallen.

»Oh«, zitterte der Priester. »Wie weh das tut!«

»Es ist nur eine Formsache. Was gilt so eine Formalität denn!« drängte der Dolmetscher aufgeregt. »Es genügt, wenn du nur der Form halber darauf trittst.«

Der Priester hob den Fuß. Er fühlte in den Beinen einen dumpfen, schweren Schmerz. Das war nicht nur eine Formsache. Er selbst trat jetzt auf das, was er in seinem Leben für das Schönste gehalten und an das er als an das Reinste geglaubt hatte, auf das, was alle Träume und Ideale der Menschen erfüllte. Wie dieser Fuß schmerzte!

Tritt nur auf mich! sagte da der Herr auf der Kupferplatte zum Priester gewendet. Tritt nur auf mich! Ich selbst kenne am besten die Schmerzen deiner Füße. Tritt nur! Um von euch getreten zu werden, wurde ich in diese Welt geboren, um eure Schmerzen zu teilen, nahm ich das Kreuz auf die Schultern.

Von Anbeginn an war eine große Ambivalenz zwischen dem, was das Kreuz Jesu symbolisiert und dem, was die Auferstehung symbolisiert, kennzeichnend für den christlichen Glauben. Das Kreuz als Sinnbild für Jesu Leiden, Selbstaufopferung und Tod bedeutete, daß im Christentum dem Leiden eine außerordentlich große Bedeutung für das menschliche Leben zukam und zum Mittel für die Erlösung der Menschen wurde. Wie es in Jesaja 53 geschrieben steht, einem Text, den die Christen schon sehr früh zum Verständnis der Kreuzigung Jesu herangezogen haben: »Aber er ist um unserer Missetat willen verwundet und um unserer Sünde willen zerschlagen. Die Strafe liegt auf ihm, auf daß wir Frieden hätten, und durch seine Wunden sind wir geheilt« (53,5). Außergewöhnliches menschliches Leiden, sogar Folter und Mord sind nicht einfach böse, sondern können stellvertretend zum Werkzeug der Erlösung und der Veränderung anderer werden. Die ausgeprägte christliche Bereitschaft zur Hingabe, zum Dienst an den Schwachen, Armen, Unglücklichen, zur Selbstaufopferung für das Wohlergehen anderer, stand immer im Mittelpunkt der christlichen Ethik und ist in dieser Vorstellung – die im Kreuz symbolisiert wird – vom Wert und Sinn des Leidens für andere verwurzelt. Und die charakteristischen Helden der christlichen Geschichte sind nicht jene gewesen, die weltliche Macht in Herrlichkeit übten, sondern diejenigen, deren Leben von den Tugenden der Geduld und Güte oder langem Leiden geprägt sind, wie Franz von Assisi oder John Woolman; oder diejenigen, die im Dienste anderer viel, sehr viel aufgaben, wie Albert Schweitzer, oder Mutter Theresa; oder die sogar – wie Martin Luther King – im Einsatz für andere ihr Leben verloren.
Doch der christliche Glaube führte nicht nur zur Hingabe, die so eindrucksvoll in der Kreuzigung Jesu ihr Vorbild hat. Daneben trat der Triumphalismus als wichtiges Kennzeichen des Chri-

[1] *Shusako Endo*, Schweigen, Grazua. 1977, S. 220f.

stentums; sein deutlichstes Symbol fand er in der Auferstehung. Das Opfer Jesu war nicht umsonst: Am Ende wurde er zur Rechten Gottes erhöht. So werden auch Opfer und Hingabe der Gläubigen dieser Welt nicht umsonst sein: Am Ende werden sie ihre himmlische Belohnung erhalten, das Geschenk des ewigen Lebens in Gottes immerwährendem Königreich. Wenn diese Aussicht auf ewige Seligkeit – was oft geschah – verbunden wird mit der Erwartung endloser Höllenqualen als letztem Schicksal derer, die sich gegen die christliche Lehre und christliches Handeln stellen, wird die Wahl des christlichen Weges in dieser Welt zu einer Form von Eigennutz, denn jedes Opfer und jedes in diesem Leben erfahrene Unglück wird im nächsten Leben großzügig entschädigt werden. Was also anfangs in der christlichen Symbolik die vollkommene Selbstaufopferung für andere zu sein schien, wird bei näherem Hinsehen eher zum Ausdruck überlegten Eigennutzes – jedenfalls in der kosmischen Ordnung, in der wir leben, einer Ordnung, die von einem göttlichen König und Richter gelenkt wird, der uns ewige Belohnungen oder Strafen am Ende des Lebens oder der Zeit zuteilen wird.

Diese Lesart der christlichen Symbolik von Tod und Auferstehung ist vielleicht etwas kraß, doch keineswegs ungerechtfertigt: Sie wurzelt unmittelbar in der frühen christlichen Verkündigung vom Sinn der Kreuzigung Jesu und dem, was man seine Auferstehung nannte. Paulus verdeutlicht diese Ambivalenz sehr gut in einer bekannten Passage im zweiten Kapitel des Philipperbriefes. Nachdem er uns daran erinnert, daß Jesus »als Gott« die »Gestalt eines Dieners« angenommen hat und sich selbst so weit erniedrigt hat, daß er den Tod am Kreuze erlitt (2,6–8), erklärt Paulus, daß Gott ihn gerade wegen dieser Hingabe und Selbsterniedrigung »erhöht hat« und ihm »den Namen gegeben (hat), der über alle Namen ist, daß in dem Namen Jesu sich beugen sollen aller derer Knie, die im Himmel und auf Erden und unter der Erde sind, und alle Zungen bekennen sollen, daß Jesus Christus der Herr sei, zur Ehre Gottes, des Vaters« (2,9–11).

Ein solcher Gebrauch der Symbole Kreuz und Auferstehung durch die Christen nahm der Vorstellung der absoluten Selbstaufopferung nicht nur ihre Kraft, indem sie sie gewissermaßen zur letzten Vorsichtsmaßregel und zur Selbsterhöhung umwandelte, sie legte auch ein Fundament für den nachfolgenden christlichen Imperialismus. Christen gelangten bald zu der Überzeugung, daß Jesus wirklich der einzige war, durch den Gottes Gnade und Rettung den Männern und Frauen zuteil wurde: »...in keinem andern ist das Heil«, sagt Petrus in einer in der Apostelgeschichte wiedergegebenen Rede, »ist kein andrer Name unter dem Himmel den Menschen gegeben, durch den wir sollen selig werden« (4,12). Den wahren Weg zum Heil der ganzen Menschheit kannten demnach nur die Nachfolger Jesu. Als die christologischen Konzeptionen immer steiler, absoluter und bestimmter wurden, als Symbole und Lehren entwickelt wurden, die in Jesus nicht nur den Messias Gottes sahen, sondern den einzigen Sohn Gottes, den ›Logos‹ Gottes, die zweite Person der göttlichen Dreieinigkeit, schien sich daraus stillschweigend zu ergeben, daß die Schlüssel zu jeder menschlichen Erfüllung und Errettung ausschließlich in die Hände der Kirche gelegt worden seien (s. Mt 16,18–19). Daß die Kirche leicht zu Kreuzzügen gegen Ungläubige verführt wurde, zu inquisitorischen Folterungen und Exekutionen von Ketzern und daß sie letztlich dem weltlichen Imperialismus und der Ausbeutung und Versklavung nicht-christlicher Völker und Kulturen auf der ganzen Erde ihren Segen geben würde, ist als Folge dieser exklusiven Selbstbewertung kaum überraschend. Die zentralen christologischen Symbole, die aus dem Urchristentum stammen, sind zur Rechtfertigung dieser Übel benutzt worden, so daß die christliche Symbolik mindestens teilweise für sie mitverantwortlich ist. Hier soll es jedoch nicht darum gehen zu loben oder zu tadeln, vielmehr wollen wir versuchen zu verstehen und neu zu konstruieren. Was ist mit dieser Symbolik schiefgegangen und warum? Ist sie so archaisch und so leicht korrumpierbar, daß – wie manche Humanisten dringend fordern – sie nicht länger zu benutzen, sondern ganz abzulegen sei? Oder enthält diese Symbolik vielleicht doch Elemente, die noch bedeutende erlösende und rettende Funktionen haben könnten? Wenn ja, wie sollen wir sie ausfindig machen und sie aus der Gesamtstruktur christlicher Symbole, die in vieler Hinsicht fragwürdig und destruktiv geworden ist, herauslösen? Fest steht, daß eine Weiterverwendung der chauvinistischen und imperialistischen Züge der traditionellen christlichen Symbolik nicht das ist, was in unserem Zeitalter des drohenden nuklearen Holocausts gefragt ist oder benötigt wird.

Ich möchte zu zeigen versuchen, daß der hier beschriebene problematische Charakter bestimmter christlicher Symbole seinen Ursprung nicht unmittelbar in der Geschichte Jesu selbst, sondern daß er vielmehr in dem symbolischen Rahmen, in dem und durch den diese Geschichte ausgelegt wurde, seine Wurzeln hat: Das Verständnis des letztgültigen Zusammenhangs menschlichen Lebens im Sinne des Symbols von Gott als dem Schöpfer-Herr-Vater – also in der mythischen Gotteskonzeption, die wir im vorigen Kapitel untersucht haben –, machte die Entwicklung dieser triumphalistischen Christologie möglich und vielleicht unvermeidlich und nicht die Geschichte Jesu. Wenn wir Gott den Überlegungen des vorausgehenden Kapitels entsprechend neu konzipieren, so wird auch eine ernsthafte Neukonstruktion unseres Verständnisses von Christus erforderlich werden. Ich hoffe, es gelingt mir, hier aufzuzeigen, daß dieses neue Verständnis einen wesentlichen Bezug zu der tiefen Krise hat, in die die Menschen durch den Zugang zu nuklearer Macht und massiver nuklearer Rüstung geraten sind.

Im jüdischen Denken, das den Hintergrund und Kontext der frühen christlichen Gedankenwelt bildete, wurde Gott weitgehend im Sinne quasi-personaler Bilder konzipiert, und die Welt war eine quasi-politische Ordnung, in der und durch die der göttliche Schöpfer-König ›seine‹ Absichten in der Menschheitsgeschichte verwirklichte; ein mögliches Ende der Geschichte erwartete man nach der Verwirklichung dieser Absichten. Jesus kam und predigte, daß dieses Ende der Geschichte unmittelbar bevorstehe, und seine Nachfolger glaubten an ihn als an den Messias, mit dem das Königreich Gottes auf Erden seinen Anfang nehme. Nach seinem unerwarteten Tod kamen sie zu der Überzeugung, daß er bald mit himmlischen Heerscharen zurückkehren werde, um all die bösen, dem göttlichen Willen zuwiderlaufenden Mächte niederzuwerfen und ein neues Zeitalter vollkommenen Friedens und Glücks einzuführen. Aber keine dieser Erwartungen wurde erfüllt; dementsprechend begannen die Christen, sich Jesus als Gottes einzigen Sohn vorzustellen, als zur Rechten Gottes auf dem Thron sitzend, von wo aus er die Welt regiert und die Gläubigen nach ihrem Tode in seinem himmlischen Königreich empfängt.

Damit möchte ich sagen, daß diese ganze Auslegung aus der überkommenen mythologischen Vorstellung vom Universum als politischer Ordnung, die von oben durch einen göttlichen König regiert wird, heraus entwickelt worden ist. Innerhalb dieses Vorstellungskomplexes wird das menschliche Leben im Rahmen von Reue, Glauben und Liebe gegenüber dem König und der Ordnung, die er errichtet hat (oder noch errichtet), verstanden. Die Verbundenheit zwischen dem König und seinen Untergebenen ist in vieler Hinsicht stark beeinträchtigt und zerstört worden, aber durch das Opfer des königlichen Sohnes wurde die göttliche Ordnung wiederhergestellt, und es ist nun wieder möglich, in gläubiger Vereinigung mit dem Herrn des Universums zu leben. Man braucht lediglich in die Gemeinschaft derer einzutreten, die Jesus als Herrn anerkennen, und diese Gesamtschau der Welt und unseren Platz in ihr zu akzeptieren – d. h. man braucht nur ein gläubiges Kirchenmitglied zu werden –, um von den Übeln einer irregeleiteten Welt erlöst zu werden und neues Leben in der Gemeinschaft mit Christus und durch ihn mit Gott zu empfangen. Der Sinn des Lebens, Leidens und Sterbens Jesu – des geschichtlichen Kerns der Christologie, der in der Kirche eine dominierende Position eingenommen hat – liegt darin, daß sie Bestandteile dieses großen Schauspiels von der Errettung der Menschheit, die der Schöpferkönig von oben herbeiführt, bilden.

Es ist eigentlich leicht nachvollziehbar, wie und warum jene, die sich dieser Mythologie verschrieben, schnell zu chauvinistischen und imperialistischen Streitern für den göttlichen König und seinen Sohn Jesus Christus werden konnten, die bereit sind, ihre irdischen Feinde bis zum Tode zu bekämpfen. Bei dieser Mystifizierung der Geschichte Jesu ist die Tragweite des Leidens und Sterbens Christi – als Manifestation wirklicher Schwäche in dieser Welt, als Weigerung Zwangsmittel und Machtmethoden anzuwenden, um Ziele zu erreichen, als Ausdruck einer Stärke, die darin liegt, sich selbst vollkommen, sogar seinen Feinden, als Opfer darzubieten – aus dem Blickfeld geraten, und die Kreuzigung wurde nur als Etappe des mächtigen Heilswerks gesehen, das Gott aus der Höhe vollbringt. Diese Etappe wurde zudem bald überdeckt und ersetzt durch den Triumph der Auferstehung Christi, durch welche alle bösen Mächte auf und unter der Erde – sogar der physische Tod – endgültig von der göttlichen Allmacht besiegt wurden.

Die christliche Tradition präsentiert uns folglich eine außerordentlich doppelsinnige Christologie. Auf der einen Seite steht das Bild Jesu als desjenigen, der sich im Dienen und Heilen anderen hingibt, der predigt und lehrt, daß Männer und Frauen sogar ihre Feinde lieben und achten, daß sie Gutes denjenigen tun sollten, die sie verfluchen, und eines jeden Diener werden sollen und der schließlich den Höhepunkt seines Dienstes im Leiden und in der vollkommenen Aufopferung seiner selbst bei der Kreuzigung erreicht – ein Bild von jemandem, der – wie Endo in seiner Erzählung schreibt – nach seinem eigenen Selbstverständnis in diese Welt kam, um von seinen Mitmenschen getreten zu werden und der von seinen Nachfolgern eine ähnliche Hingabe erwartete.

Auf der anderen Seite steht das Bild von Jesus dem Christus, der zur Rechten Gottes, des allmächtigen Vaters, sitzt und die Geschichte mit allumfassender Kraft zu ihrer göttlich festgelegten Vollendung lenkt, einer Vollendung, die die Verherrlichung und die himmlische Belohnung für alle gläubigen Christen einschließt. In Anbetracht dieser außerordentlich unterschiedlichen – gar widersprüchlichen – Motive, die im Kern der christologischen Symbolik der Kirche miteinander verschmolzen sind, wird verständlich, warum die Geschichte des Christentums so verschiedenartige und gegensätzliche Schwerpunkte, Bewegungen und institutionelle Modelle hervorgebracht hat – die alle Versuche waren, diese Spannungen und Widersprüche in einer dialektischen Form zu vereinbaren. Ebenso wird verständlich – nimmt man die menschliche Natur, wie sie ist –, warum das triumphalistische Motiv – mit dem Versprechen der himmlischen (oder auch irdischen) Belohnung – in den meisten christlichen Bewegungen das vorherrschende wurde, das Motiv des Dienens und der Selbstaufopferung hingegen zuweilen völlig aus dem Blickfeld verschwand. Eine so doppeldeutige Symbolik, die im Kern des christlichen Glaubens selbst verankert ist, läßt die Plausibilität recht unterschiedlicher Interpretationen zu; und fast jede institutionelle Struktur, jede soziale Praxis und jedes politische Programm kann religiös legitimiert werden. Die Möglichkeit, die christlichen Symbole für schlechte oder enthumanisierende Zwecke zu mißbrauchen gab es immer, und leider wurde sie auch häufig wahrgenommen. Doch gleichzeitig bot dieser höchst spannungsreiche Kern des christlichen Glaubens dem tieferen Erkennen und der Wertschätzung von Würde und Bedeutung der Menschen einen fruchtbaren Nährboden und führte bei vielen Gläubigen zur Auflehnung gegen Sklaverei, Ungerechtigkeit und andere Formen der Unmenschlichkeit, und setzte kreative Bewegungen für humanere gesellschaftliche Institutionen und Praktiken frei.

Es ist unserer heutigen Situation nicht mehr angemessen, die christologische Reflexion in einem Rahmen zu betreiben, der von so massiven Zweideutigkeiten gekennzeichnet ist. Erstens sind, wie ich in Kapitel III dargelegt habe, die höchst personalen und politischen Bilder, aus denen die traditionelle Gottesvorstellung gebildet wurde, nicht mehr überlebensfähig und sollten daher der gegenwärtigen theologischen Reflexion und religiösen Frömmigkeit nicht als Basis dienen; genau diese Symbolik ist nämlich, wie wir gerade gesehen haben, auch eine Hauptquelle für die destruktive Ambivalenz in der traditionellen Christologie gewesen.

Zweitens, wenn wir – wie ich in Kapitel II anregte – einmal begriffen haben, daß alle religiösen Bilder und Begriffe Produkte der kreativen menschlichen Vorstellungstätigkeit sind bei dem Versuch, dem menschlichen Leben in der Welt eine Orientierung zu geben, werden wir sehen, daß diese traditionellen Begriffe und Bilder zwar unseren großen Respekt und unsere gründliche Beschäftigung mit ihnen verdient haben, sie jedoch nicht auf Dauer als maßgebend oder bindend betrachtet werden sollten. Wir müssen in diesen Dingen unsere eigene volle Verantwortung tragen und dürfen nicht unkritisch die Denk- und Vorstellungsarbeit unserer Vorfahren übernehmen.

Drittens leben wir – wie ich in Kapitel I ausgeführt habe – in einer grundlegend neuen geschichtlichen Situation, seit es für die Menschen möglich geworden ist, aus eigener Kraft die Geschichte zu ihrem Abschluß zu führen. Diese Epoche und diese Möglichkeit sind in unseren religiösen Traditionen niemals vorausgesehen worden und daher finden wir in ihnen auch keine angemessene Orientierung für die Gegenwart. Aus diesen Gründen ist es für uns notwendig, die religiöse Symbolik, angesichts der grauenvollen Möglichkeiten, die uns auf der Suche nach einer Wegweisung in der heutigen Welt begegnen, ganz neu zu überdenken.

Wie sollen wir vorgehen? Unsere Analyse hat ergeben, daß die traditionelle Christologie ein Prozeß der Verschmelzung war, in dem die tragische Geschichte des Lebens und Sterbens Jesu interpretiert wurde im Sinne einer vorgegebenen Vorstellungswelt, die Gott als Schöpfer-König-Vater der Menschheit und der Welt kannte. Eine zeitgenössische Christologie müßte in ähnlicher Form versuchen, die Geschichte Jesu einerseits im Lichte eines zeitgenössischen Gottesverständnisses zu untersuchen und zu deuten und andererseits im Blick auf die grundlegenden Probleme heutiger menschlicher Existenz. Wenn diese Geschichte, in dieser Weise neu interpretiert, bedeutende Einsichten in das menschliche Leben und die heutigen Probleme sowie eine neue Orientierung vermittelt, so kann und sollte die Christologie auch weiter in unserer theologischen Reflexion und in unserer religiösen Andacht Raum finden; wenn sie das nicht tut, so sollten wir zulassen, daß sie wegfällt, damit wir uns den Problemen, mit denen uns die Welt heute konfrontiert, stellen können.

Historiker stimmen darin überein, daß wir nur wenige zuverlässige Informationen über den Mann Jesus von Nazareth besitzen. Offensichtlich war er ein Wanderprediger und Heiler im Palästina des ersten Jahrhunderts, der glaubte, daß das Königreich Gottes in der Menschheitsgeschichte anbreche und sie zu ihrem Abschluß bringe. Seine Heilungen von Leiden und Krankheiten und die Vergebung der Sünden waren eindrucksvolle Zeichen für das herannahende Gottesreich. In seiner Lehre betonte Jesus, daß beides gleich wichtig ist: die Liebe zu Gott und die Nächstenliebe, und er gab dieser zweiseitigen Liebe einen sehr radikalen Ausdruck: Sie erfordert u. a. die wiederholte Vergebung der Angriffe anderer gegen uns (»siebzigmal siebenmal«, sagte er zu Petrus, nach Mt 18,22); sie erfordert, daß wir von unserem Weg abgehen, um leidenden Mitmenschen zu helfen (wie die Geschichte vom ›barmherzigen Samariter‹ uns lehrt, Lk 10,29–37); daß wir immer ›die andere Wange hinhalten‹ und die ›zweite Meile‹ mitgehen (Mt 5,39.41) – und das alles nicht nur bei Freunden sondern auch bei Feinden (Mt 5,43–47). Das Leben, zu welchem Jesus seine Nachfolger aufrief, brachte die Umkehrung der gewohnten Maßstäbe mit sich, nach denen die Macht über andere ein Ausdruck der eigenen Wichtigkeit und anderen zu dienen erniedrigend ist. »Wer groß sein will unter euch, der soll euer Diener sein; und wer unter euch der Erste sein will, der soll aller Knecht sein« (Mk 10,43–44). Diese Radikalisierung in der moralischen Forderung Jesu und die Umkehrung der gewohnten Maßstäbe für Wichtigkeit und Größe traten in den Ereignissen am Ende seines Lebens noch einmal deutlich hervor: Er lehnte es ab, sich gegen seine Feinde zu verteidigen oder zu schützen und erduldete sanftmütig ihre Schmähungen und ihre Schläge, bis er schließlich von ihren Händen den gewaltsamen Tod erlitt. Da alles, was Jesus lehrte, tat und wofür er eintrat, im Kreuz so überzeugend zusammengefaßt wird, wurde es schon sehr früh zu einem Hauptsymbol des christlichen Glaubens als Darstellung dieser Hingebung, dieses Leidens und dieser letzten Selbstaufopferung.

Wir brauchen uns hier nicht mit Fragen der historischen Beweisführung dieses oder jenes Details der Geschichte auseinanderzusetzen und auch nicht mit der Frage, ob diese Ereignisse und Lehren beispielhaft waren für Jesu Einstellung und sein Verhalten in anderen Situationen seines Lebens, über die wir keine Aufzeichnungen besitzen. Welche Wahrscheinlichkeiten oder Möglichkeiten die Historiker hinsichtlich dieser Fragen entdecken und wie faszinierend sie für sich genommen auch sein mögen, so betreffen sie doch nicht unser zentrales Anliegen, das lautet: Welches Bild von dem Mann Jesus gewinnen wir anhand seiner Darstellung im Neuen Testament? Was für eine Person wird hier porträtiert? Welche waren seine Hauptanliegen? In welcher Beziehung stand er zu denen, die ihn umgaben? Wofür gab er sein Leben? Zu diesen Fragen gibt das Bild, das wir haben, einheitliche und klare Antworten, selbst wenn dieses oder jenes Detail historisch fragwürdig sein mag. Wir stehen dem Porträt eines Mannes gegenüber, der sich aus freien Stücken und bewußt selbst zu einem »Menschen für andere« gemacht hat, wie Bonhoeffer es ausdrückt.

Was machen wir aus einem solchen Bild und einer solchen Geschichte? Sind sie in irgendeiner Weise für die heutige Welt heilend oder erlösend? Wenn wir diese Fragen betrachten, dürfen wir nicht den Fehler begehen, unsere Erwartungen an das Heil und an die Rolle Jesu dabei in den traditionellen Begriffen zu bestimmen. Die Vorstellung von Sünde als einer Art persönlichen Ungehorsams oder Verletzung des göttlichen Willens und vom Heil als Befreiung von diesem Zustand der Abkehr und Schuld, sind fast ausschließlich auf das mythologische Bild Gottes als dem göttlichen König und Vater zurückzuführen und auf eine Vorstellung von unserem Verhältnis zu Gott als einer interpersonalen und politischen Stellung von Untergebenen und Kindern. Ebenso ist die überkommene Auffassung, daß Frauen und Männer – in ihrem Zustand von Abkehr und Ungehorsam – Gottes Vergebung brauchen, als Akt der göttlichen Liebe zur Wiederherstellung ihrer Einheit mit Gott, und daß das Opfer Jesu am Kreuz diesen Akt z. T. ermöglicht, ein direkter Ausdruck derselben personalen/politischen Vorstellung der menschlichen Existenz und ihres Kontextes. Aber, wie wir in Kapitel III festgestellt haben, menschliches Leben kann nicht länger in den Begriffen eines solchen allzu vereinfachenden Personalismus verstanden werden. Heute müssen wir es als Erscheinung einer langen und komplizierten biologischen und geschichtlichen Entwicklung ansehen, die die Schaffung des biologischen Ökosystems und des Gesamtkomplexes sozio-kultureller Systeme zur Erhaltung der menschlichen Existenz umschloß. Außerdem ist das tiefgreifendste menschliche Problem heute nicht die Entfremdung von Gott, im Sinne eines solchen außerordentlich personalistischen Verständnisses, sondern vielmehr das stetige Untergraben der Bedingungen für ein sinnvolles und fruchtbares menschliches Leben durch unsere Umweltverschmutzung und die Vergiftung des Ökosystems sowie durch soziale, politische, ökonomische Ordnungen und Institutionen, die unterdrückerisch und entmenschlichend sind. Die katastrophalen Folgen des Weges, den wir eingeschlagen haben, finden – wie wir bereits beobachteten – ihr apokalyptisches Symbol in der Bedrohung durch den nuklearen Holocaust.

Einer der heutigen Welt und den heutigen menschlichen Problemen angemessenen Vorstellung von Heil oder Erlösung muß ein ganz anderer Begriffsrahmen gesteckt werden und müssen ganz andere Bilder als die bekannten traditionellen zur Verfügung gestellt werden. Auch die Rolle Jesu erfordert ein anderes Verständnis. Bei einer Vorstellung vom menschlichen Leben und seinem Kontext, die sich fast ausschließlich an familialen und politischen Begriffsmodellen orientiert, war die Vorstellung der Errettung der Menschen als Handlung eines bestimmten Individuums, nämlich Jesus, dem Christus, der zwischen dem Vater im Himmel und den widerspenstigen Kindern auf Erden vermittelte, folgerichtig und einfach. Doch in dem biologischen und geschichtlich-kulturellen Sinne, in dem wir die menschliche Existenz jetzt begreifen, kann kein Individuum eine solche absolute Bedeutung und kosmische Effizienz für alle anderen haben, denn jedes Individuum ist eine Erscheinung des komplexen ökologischen Netzes von Leben und Natur und steht in wechselseitigem Verhältnis mit ihm; dieses Netz hat uns alle geboren und erhält uns. Auch Gott sollte, wie wir gesehen haben, nicht länger verstanden werden als ein Individuum, das über allen anderen steht und ihr Gegensatz ist, sondern vielmehr als Symbol, in dem jene Kräfte und Dimensionen des ökologisch und historisch rückgekoppelten Netzwerks vereint werden, die alles Leben schaffen und erhalten und sein Vorwärtskommen fördern. Bei dieser Darstellung des menschlichen Lebens und der Welt muß die Bedeutung des Symbols ›Christus‹ in einer ganz anderen Weise als in den traditionellen Christologien bedacht werden.

Der Versuch, eine Christologie und eine Interpretation des christlichen Heils für die Welt von heute im Rahmen dieses Buches zu skizzieren, kann nur starke Vereinfachungen ergeben, aber ich möchte mich bemühen, einige Hinweise auf das zu geben, was mir vorschwebt. Das grundlegende Problem für uns Menschen – und unserer Darstellung nach auch für Gott – ist die Frage, wie wir eine Neuordnung des menschlichen Lebens und seiner Institutionen bewirken können, die uns erstens hilft, uns langsam von der Wahrscheinlichkeit unserer eigenen vollkommenen Zerstörung wegzubewegen, die entweder durch eine nukleare Katastrophe oder durch die zunehmende Vergiftung von uns selbst und unserer Umwelt zustande kommt, und die zweitens eine humanere, gesündere und erfülltere Existenz für alle Frauen und Männer ermöglicht. Unser Ziel muß – in den Worten eines Programms des ökumenischen Rates der Kirchen – eine wahrhaft »gerechte, partizipatorische und lebensfähige Gesellschaft«[2] sein. Für Probleme dieser Größenordnung und Komplexität kann es keine einfache, keine Patentlösung geben; aus diesem Grunde sollten Religionen aufhören, einfache oder Einzellösungen für die Lebensprobleme zu suchen, und aufhören, darauf zu beharren, daß ein bestimmter Weg von allen beschritten werden muß. Unterschiedliche Personen und Gesellschaften haben verschiedenartige Bedürfnisse; was in einer Situation oder in einem Zusammenhang möglich, angemessen und richtig ist, kann in einem anderen Fall sinnlos oder gar destruktiv sein. Jedes Verständnis von Errettung und von der Bedeutung Christi für unsere Zeit muß sich daher vor klischeehaften Formeln und abstrakten, vermeintlich für jeden geltenden Universalregeln oder -prinzipien hüten. Es muß sich genauso vor dem Ansatz hüten, die religiöse Dimension des Lebens von seiner politischen, ökonomischen, kulturellen, biologischen oder jeder anderen Dimension des ökologischen und geschichtlichen Netzwerks, das uns erhält, zu trennen oder zu abstrahieren.

Das Problem des Heils besteht darin, einen Weg zu finden für ein harmonisches und fruchtbares Gleichgewicht und für die Fortentwicklung all dieser unterschiedlichen und komplexen interdependenten Dimensionen des Lebens. Dies ist keine Angelegenheit, die ausschließlich Pastoren, Priester und Theologen angeht als diejenigen, die Experten für Fragen religiöser Praktiken und Traditionen sind. Sie erfordert ebenso die vereinten Bemühungen und Sachkenntnisse von Psychologen und Chemikern, Ingenieuren und Künstlern, Politikern und Landwirten, Erziehern, Physikern, Arbeitern und vielen anderen – den einmaligen und unverzichtbaren Beitrag jedes einzelnen zum Gemeinwohl. Heil

[2] S. *Paul Albrecht* (ed.), Faith, Science and the Future, Philadelphia 1978.

sollte nicht länger aufgefaßt werden als ein bestimmter Prozeß oder eine Kraft, als einseitiges von oben auf die Erde – und zwar vornehmlich in und durch die Kirche – wirkendes Tun. Vielmehr umfaßt es alle die menschliche Wirklichkeit betreffenden Handlungen und Prozesse, die dazu verhelfen, Gewalt, Zerrüttung und Entfremdung zu überwinden sowie die verschiedenen Formen von Unterdrückung und Ausbeutung und all die anderen geschichtlichen und institutionellen Momente, die heute den Zerfall und die Zersplitterung von Personen und Gesellschaften fördern. Kurz, wo immer in der Welt ein schöpferischer, ein befreiender und heilender, ein versöhnlicher und neuer Geist am Werk ist, dort muß eine rettende Kraft erkannt werden. Wenn wir uns selbst für dieses Werk der Versöhnung, der Heilung und Befreiung in der menschlichen Wirklichkeit einsetzen, nehmen wir am Heilswerk des göttlichen Geistes unmittelbar teil.

Wenn Heil so weit gefaßt wird wie hier, könnte man fragen, ob es dann nicht seinen besonderen christlichen Sinn verliert? Was haben diese vagen konstruktiven Prozesse, Aktivitäten und Institutionen, von denen hier die Rede ist, mit Jesus dem Christus zu tun?

Solche Fragen entspringen einer noch weitgehend durch das traditionelle mythische Bild geprägten Auffassung von der göttlichen Heilswirkung, als dem alleinigen Tun einer bestimmten Person. Die Gründe für die Ablehnung dieser Vorstellungswelt sollen hier nicht wiederholt werden. Statt dessen möchte ich darauf aufmerksam machen, daß das Neue Testament mitsamt seiner mythischen Identifikation des Heils mit dem Werk des göttlichen Menschen Jesus, zugleich eine umfassendere Sicht zum Ausdruck bringt, in der Heil im Sinne des Vorhandenseins bestimmter gemeinsamer – oder auch nicht gemeinsamer – menschlicher Anlagen und Handlungen interpretiert wird, wie beispielsweise die Zusammenstellung des Paulus im Galaterbrief »Liebe, Freude, Friede, Geduld, Freundlichkeit, Güte« (5,22) und ähnliche Haltungen und Tugenden, die den Geist der Versöhnung zum Ausdruck bringen und auf die menschliche Wirklichkeit heilsam wirken. Der Verfasser des 1. Johannesbriefes geht in der gleichen Richtung sogar soweit, Gott, die uranfängliche schöpferische Realität, direkt mit Liebe gleichzusetzen, mit derselben Liebe, die in der menschlichen Hingabe (4,8.16) enthalten ist; und er macht die Gegenwart dieser Liebe zum Kriterium für die Gegenwart Gottes selbst, der andernfalls ungesehen und unerkannt bleibt: »Niemand hat Gott jemals gesehen«, erklärt er; »Wenn wir uns untereinander lieben, so bleibt Gott in uns, und seine Liebe ist in uns vollkommen... Wenn jemand spricht: ›Ich liebe Gott‹ und haßt seinen Bruder, der ist ein Lügner. Denn wer seinen Bruder nicht liebt, den er sieht, wie kann er Gott lieben, den er nicht sieht?« (4,12.20). Zweifellos bewerten beide, Paulus und Johannes, ihrem mythologischen Verständnis der Dinge entsprechend, diese Anlagen und Handlungen der Versöhnung und Liebe als übernatürliches Wirken besonderer Art des göttlichen Geistes in der christlichen Gemeinschaft; aber was sie tatsächlich beschrieben, waren Haltungen und Tugenden, die in der hellenistischen Welt allgemein be- und anerkannt waren, und für die die griechische Sprache gewöhnliche Namen hatte.

Natürlich waren es das Bild und die Geschichte Jesu, insbesondere sein ›Weg zum Kreuz‹, die die Bedeutung dieser besonderen Gestalt von Anlagen und Haltungen diesen Schreibern ebenso wie den übrigen frühen Christen so nachhaltig einprägten. Aber sie sahen in Jesus das exemplarische Beispiel ihrer Verwirklichung, obwohl nicht nur Jesus oder die ersten Christen über diese Haltungen und Anlagen verfügten; sie bildeten eine Auswahl der menschlichen und menschenwürdigen Lebensmöglichkeiten in der hellenistischen Welt jener Zeit. Das, was eine Daseinsform ›christlich‹ macht, sind demnach nicht *eine* übernatürliche Qualität oder übernatürliche Qualitäten, die nur durch Jesus Christus zugänglich gemacht werden; es ist vielmehr die *Wertung* von Qualitäten und Möglichkeiten, die zur Versöhnung und einer liebenden Gemeinschaft hinführen: jene Möglichkeiten und Qualitäten, die beispielhaft in der Geschichte Jesu dargestellt werden als *normativ für menschliches Leben*. Heil ist ein Ordnen des menschlichen Lebens – einschließlich seiner Einrichtungen, Bräuche und sozialen Praktiken sowie seiner zwischenmenschlichen Dimensionen –, das mit dieser Sicht der menschlichen Existenz in Einklang steht. Alles, was sich auf Versöhnung, Heilung und Befreiung hinbewegt, auf das Überwinden von Unterdrückung, Entfremdung und Verfall, muß verstanden werden als Handlung des rettenden göttlichen Geistes – des Geistes Christi –, der in der Welt wirkt.

Es ist interessant – und ich meine auch kennzeichnend –, daß bereits in den Anfängen der christlichen Geschichte einige klar erkannten, daß das Heil im wesentlichen in einer bestimmten Denkweise und Lebenseinstellung bestand und nicht in dem Bewußtsein irgendeiner speziellen Verbundenheit mit Jesus; sie betonten das, indem sie diese Auffassung Jesus in den Mund legten. In dem Gleichnis vom Jüngsten Gericht in Matthäus 25 werden nicht diejenigen angenommen, die um ihre Beziehung zu Jesus bangten, sondern im Gegenteil jene, die spontan den Durstigen ein Glas Wasser reichten, die Nackten kleideten und die Kranken und Gefangenen besuchten. Von ihnen wird gesagt, daß sie Christus entsprechen und seinen Geist ausdrücken: »Wahrlich … was ihr getan habt einem von diesen meinen geringsten Brüdern, das habt ihr mir getan« (25,40). An anderer Stelle zitiert Matthäus Jesus so: »Es werden nicht alle, die zu mir sagen: ›Herr, Herr!‹ in das Himmelreich kommen, sondern die den Willen tun meines Vaters im Himmel« (7,21), – d. h. die rettende göttliche Kraft wirkt durch diejenigen, die sich für Versöhnung und Heilung einsetzen, nicht durch die, die den Anspruch haben, sich mit Jesus oder der Kirche zu identifizieren.

Es mag nun gefragt werden, was das religiöse an dieser Vorstellung vom Heil ist. Warum soll man sich selbst überhaupt darum kümmern? Warum sich abmühen, ein Christ zu sein? Das alte mythologische Heilsverständnis hatte auf diese Fragen eine einfache und klare Antwort: So und nur so kann Vergebung der Sünden, Frieden mit Gott, wahre Erfüllung und ewiges Leben erlangt werden. Es waren sehr mächtige, wenn auch vielleicht etwas eigennützige Motivationen zum Glauben vorhanden. Aber was hat das Heil, das ich beschrieben habe, zu bieten?

Zuerst einmal weist dieses Heilsverständnis keine eigennützigen Motive auf: Als Belohnung stehen weder ein friedliches und zufriedenes Leben auf Erden noch die ewige Wonne im Himmel in Aussicht. Im Gegenteil, in Aussicht steht die radikale Hingebung im Kampf gegen die ärgsten Übel und Mißstände im menschlichen Leben der Gegenwart und vielleicht am Ende die

Selbstaufopferung – die Kreuzigung. Die einzige hierfür versprochene Belohnung ist das Bewußtsein, sein Leben und seine Energie darauf zu verwenden, anderen Männern und Frauen zu helfen, sich von den Übeln zu befreien, die sie gegenwärtig versklaven; es ist der Versuch, dabei zu helfen, daß das Leben der Menschen in Zukunft humaner und erfüllter sein kann als das Leben heute; es ist die Selbstaufgabe für andere. Sind wir doch im Grunde zueinandergehörige und einander konstituierende soziale Wesen und nicht individuelle Egos, die als losgelöste Atome im Raum umherschwirren. Und die tiefste menschliche Befriedigung kann daher nicht in individualistischer Selbstverwirklichung, sondern vielmehr im Beitrag zum Wohle derjenigen erlangt werden, in deren Mitte wir unser Leben leben, nämlich dann, wenn wir helfen, die Lebensqualität anderer zu verbessern und zu erhöhen.

Diese Behauptung, daß wir nur gerettet werden, indem wir unser Leben verlieren, ist natürlich sehr umstritten und keinesfalls allgemein anerkannt. Sie steht jedoch – und stand immer – im Mittelpunkt des christlichen Glaubens, obwohl die christliche Tradition – wie wir gesehen haben – in dieser Hinsicht äußerst ambivalent war. Gerade dieses Motiv aus der christlichen Geschichte hat den deutlichsten Bezug zu unserer gegenwärtigen geschichtlichen Situation und weist am klarsten in die Richtung, in die die Menschheit gehen muß, wenn wir uns nicht selbst zerstören wollen.

Das Leben der Menschen hat sich bis in die Gegenwart in vielen verschiedenen Zentren organisiert – Individuen, Gruppen und Nationen –, und jedes von ihnen fühlt sich dazu berechtigt, seine eigenen Ziele zu verfolgen, nach Verwirklichung und dauerhafter Erhaltung seiner eigenen Werte und Lebensweisen zu suchen und sich gegen die zur Wehr zu setzen, die es zerstören könnten. Selbstverwirklichung war das erklärte Ziel jedes dieser Zentren; Selbstverteidigung war ihr unveräußerliches Recht in letzter Konsequenz. Religiöse Traditionen, die verschiedensten Ideale, patriotische Gefühle, Loyalität denen gegenüber, die man liebte – all das legitimierte und ermutigte jedes dieser Zentren zum Kampf um die eigene, von ihm selbst bestimmte Entwicklung und zum eigenen Schutz gegen seine geistigen und physischen

Feinde. Dieses allgegenwärtige Muster der in viele verschiedene Teilbereiche aufgesplitterten menschlichen Existenz, bei der jeder hauptsächlich mit seinen eigenen Interessen beschäftigt ist, ist heute so gefährlich geworden, daß es abgelöst werden muß. Das Leben selbst besitzt die Struktur der Interdependenz, und wenn das menschliche Dasein, Denken und Arbeiten sich nicht immer stärker an dieser gegenseitigen Abhängigkeit orientiert, wenn wir nicht lernen, unsere Einzelinteressen und unsere Wünsche als Individuen und Gemeinschaften, als gesellschaftliche Klassen und Nationalstaaten und als Religionen und Wertetraditionen dieser umfassenden Loyalität gegenüber dem Fortbestand des Lebens – des menschlichen und des übrigen – unterzuordnen, werden wir sicher alle zugrunde gehen. Die christliche Vision, in deren Mittelpunkt das Porträt desjenigen steht, der in die Welt kam nicht »daß er sich dienen lasse, sondern daß er diene und gebe sein Leben zu einer Erlösung für viele« (Mt 20,28), bekommt in unserer Zeit neue Relevanz und neue Bedeutung. Genau eine solche Selbstaufgabe für andere wird jetzt von uns allen gefordert – von Individuen, Gemeinschaften, Klassen und von Institutionen, religiösen Traditionen und Nationen. Sie wird insbesondere von denjenigen unter uns gefordert, die im Überfluß der sogenannten ›Ersten Welt‹ leben und die so vieles haben, das sie für andere aufgeben können, wenn sie nur dazu bereit sind, es zu teilen.[3] Die christliche Vision, die uns als letztlich nicht uns selbst gehörend versteht – da wir von Gott kommen und ihm gehören, diesem breiten Schöpfungs- und Lebensstrom, der uns ins Leben gerufen hat und von dem wir ein Teil sind – und demzufolge wir aufgerufen werden, in fortwährender Hingabe für andere zu leben, worin wir einzig und allein Erfüllung finden werden, stellt eine Orientierung für die menschliche Existenz dar, die den dringlichsten Forderungen unserer Zeit sehr gut entspricht. Der sich selbst aufopfernde Jesus ist fähig, uns zu den Fundamenten unseres Daseins zurückzuführen, weil sein Akt der Hingabe ein exemplarisches Bild und Symbol dafür ist, was im Herzen dieser Fundamente enthalten ist: die Interde-

---

[3] S. *Marie Augusta Neal*, A Socio-Theology of Letting Go, New York 1977.

pendenz und Selbsthingabe, die jeder Kreativität zugrunde liegt und alles Leben ermöglicht, nämlich die Struktur oder Kraft, die die Christen Gott nennen.

Zum Abschluß möchte ich diese weitgreifenden Ansprüche in zwei wichtigen Aspekten näher bestimmen. Das Zitat aus Endos dramatischer Geschichte, in der Christus derjenige ist, auf dem herumgetrampelt wird, und meine Stellungnahme zu dem christlichen Motiv der Selbstaufopferung können mißverstanden werden als Befürwortung einer Art stark vereinfachender Demutshaltung und Selbstverleugnung zur Lösung der Probleme dieser Welt – eine Position, die in der christlichen Geschichte recht häufig ihren Niederschlag fand, insbesondere bei Ermahnungen an Sklaven und Diener, Arme und Frauen, sich ihres Platzes im Leben zu erinnern, der dort ist, wo sie die Bedürfnisse und Wünsche anderer erfüllen. Mein Standpunkt ist davon deutlich unterschieden. Viele der konkreten Situationen in der Welt heute, die von Ungerechtigkeit und Unmenschlichkeit zeugen, erfordern den größtmöglichen Widerstand von seiten der Unterdrückten selbst und den größten Einsatz aller für die Veränderung der Bedingungen, unter denen sie leben. Unser christologisches Paradigma gibt uns kein Allzweckmittel an die Hand gegen all die verschiedenen Bedingungen und Situationen von Übeln in der Wirklichkeit der Menschen, und auch das Gebot Jesu, unsere Feinde zu lieben, oder sein ›Gang zum Kreuz‹ sollten nicht als wörtliche Definitionen des richtigen Handlungsmusters für jede Situation interpretiert werden. Eine solche Haltung würde bedeuten, ein bestimmtes Muster, das wir aus der Vergangenheit ererbt haben, zu verabsolutieren oder zur Vorschrift zu machen, die überall und immer angemessen und anwendbar ist. Aber gerade dieses Einfrieren oder Vergegenständlichen von Einsichten eines geschichtlichen Augenblicks zu dogmatischer Wahrheit mit ewiger Geltungsdauer habe ich hier als ein Hauptproblem der traditionellen christlichen Reflexion kritisiert; und an ihre Stelle soll meine Konzeption von Theologie treten, die in jedem neuen Zeitalter neue Vorstellungskonstruktionen verlangt.

Die christliche Tradition liefert uns keine konkreten oder bestimmten Lösungen für konkrete und bestimmte Probleme, die wir bewältigen müssen; wird sie aber dahingehend interpretiert, so macht man sie zu einem weiteren Götzenbild, das unsere Schwierigkeiten nur vertiefen wird. Was die christliche Tradition uns bieten kann, ist eine Vision für den allumfassenden Charakter und die allumfassende Form, die das menschliche Leben annehmen muß, um Heil und Erfüllung zu erfahren – wenn es überleben soll: eine Orientierung (für Individuen und Gruppen) an der radikalen Selbstverleugnung größeren Gemeinschaften und letztlich der universalen Gemeinschaft zuliebe, der alle Lebewesen angehören (das ›Königreich Gottes‹). Und sie kann uns in Jesu Kreuzigung ein eindrucksvolles und mächtiges Bild bieten, ein Bild davon, was mit dieser vollkommenen ›Umwertung‹ (Nietzsche) unserer gewohnten Werte und Denkweisen, unserer Handlungsmuster und institutionellen Systeme verbunden ist. Sie bietet uns Symbole, Bilder und Werte, die eine Wegweisung für unser heutiges Leben sein können und eine Anleitung bei unserem Handeln und unserem Vorgehen. Dennoch: Welche Hilfe auch immer diese Wegweisung uns gewähren mag, so sind es doch wir selbst, die unseren Weg durch das außerordentlich komplexe Gewirr und das undurchdringliche Dickicht – zu dem ein nukleares Dilemma gehört – finden müssen, vor dem wir stehen. Unsere Probleme heute umspannen, wie wir gesehen haben, die ganze Skala wirtschaftlicher, politischer, sozialer, intellektueller, moralischer und religiöser Dimensionen des Lebens. Sie sind auf sehr vielschichtige Weise ineinander verwoben, und es gibt keine einfache Lösung für sie. Ihre Bewältigung wird unsere gebündelte Vorstellungskraft, Kreativität und Hingabe fordern, solange noch Zeit ist.

Schließlich möchte ich noch einem anderen Mißverständnis vorbeugen, das die dargelegte Neukonzeption Christi und des Heils hervorrufen könnte. Meine Interpretation könnte von einigen als ein weiterer chauvinistischer oder imperialistischer Versuch aufgefaßt werden, den Beweis zu führen, daß das Christentum tatsächlich *die* wahre und richtige Religion ist, zu der alle Leute bekehrt werden sollten und der gegenüber alle anderen Religionen in verschiedenen Abstufungen unzulänglich oder falsch sind. Ich versichere, daß dies weder meiner Absicht noch meinem Standpunkt entspricht, und möchte daran erinnern, daß ein Verständnis von Theologie als konstruktiver Tätigkeit der menschlichen

Vorstellungskraft an sich schon jede Arroganz dieser Art ausschließen sollte. Ich habe in diesem Buch versucht, die Symbole ›Gott‹ und ›Christus‹ auf eine neue Weise zu betrachten angesichts der potentiellen nuklearen Katastrophe, die uns allen bevorsteht, und in der Hoffnung, in ihnen ein wenig Licht oder Führung oder Orientierung für den schwierigen und unbekannten Pfad zu finden, den wir in dieser Welt suchen müssen. Die christliche Symbolstruktur hat in den vielen Formen, die sie im Laufe der Geschichte angenommen hat, deutliche Grenzen und Nachteile, und ich habe nicht gezögert, einige davon aufzuzeigen. Aber in den zentralen christlichen Symbolen bleibt eine tiefgehende Bedeutung, die nach meiner Überzeugung unsere Beachtung verdient – jetzt, da wir einer der furchterregendsten Zwangslagen, mit der die Geschichte die Menschheit jemals konfrontiert hat, ausgeliefert sind.

Das soll nicht heißen, daß andere religiöse oder säkulare Vorstellungen nicht ebenfalls Wichtiges beizutragen hätten. Wir sind in einer Situation, in der die Zukunft der Menschheit auf dem Spiel steht, und sind deshalb verpflichtet, alle Weisheit, alle Hingabe und Einsicht, die im Laufe unserer langen Geschichte angesammelt wurden, für eine Lösung unserer Probleme einzusetzen. Buddhisten und Hindus, Juden und Moslems, Afrikaner und Chinesen, Marxisten und Freudianer, Liberale und Konservative, einfache Leute und gebildete Intellektuelle werden ausnahmslos alle ihren Beitrag zu unserer gemeinsamen Aufgabe leisten können. Keiner von uns kennt den sicheren Weg in unserer historischen Situation; Dogmatiker, die dies von sich behaupten, sind für uns alle die größte Gefahr. Wir müssen daher zusammen auf das gemeinsame Ziel hinarbeiten und alle Ressourcen, die uns zur Verfügung stehen – religiöse oder weltliche, philosophische oder poetische, mythische oder wissenschaftliche –, nutzen und austauschen, wenn wir uns an unsere unbekannte Zukunft herantasten. In diesem Geiste, in der Hoffnung, einen kleinen Beitrag zu der Aufgabe zu leisten, die wir alle bewältigen müssen, lege ich diese Gedanken zur Neukonstruktion der christlichen Theologie in einem nuklearen Zeitalter vor.